JN082518

覚えておきたい 横綱の顔

伝説の横綱から現代までの横綱ガイドブック

絵と文　本間康司

清水書院

もくじ

江戸から昭和戦前期までの横綱 5

江戸時代の大相撲　6

初代　明石　志賀之助　7
2代　綾川　五郎次　8
3代　丸山　権太左衛門　9
🏮 伝説の人気力士　雷電爲右エ門　10
　　　　大童山文五郎　11
4代　谷風　梶之助　12
5代　小野川　喜三郎　14
6代　阿武松　緑之助　16
7代　稲妻　雷五郎　18
8代　不知火　諾右衛門　20
9代　秀の山　雷五郎　22
10代　雲龍　久吉　24
11代　不知火　光右衛門　26
12代　陣幕　久五郎　28

🏮 横綱陣幕と横綱力士の碑　30
🏮 横綱土俵入りの型　31
13代　鬼面山　谷五郎　32
14代　境川　浪右衛門　34
15代　梅ヶ谷　藤太郎（初代）　36
16代　西ノ海　嘉治郎（初代）　38
17代　小錦　八十吉　40

18代　大砲　万右衛門　42
19代　常陸山　谷右衛門　44
20代　梅ヶ谷　藤太郎（2代目）　46
21代　若島　権四郎〈大阪〉　48
22代　太刀山　峰右衛門　50
23代　大木戸　森右衛門〈大阪〉　54
24代　鳳　谷五郎　56
25代　西ノ海　嘉治郎（2代目）　58
26代　大錦　卯一郎　60
27代　栃木山　守也　62
28代　大錦　大五郎〈大阪〉　64
29代　宮城山　福松〈大阪〉　66
30代　西ノ海　嘉治郎（3代目）　68
31代　常ノ花　寛市　70
32代　玉錦　三右衛門　76
33代　武蔵山　武　78
34代　男女ノ川　登三　80
35代　双葉山　定次　82
36代　羽黒山　政司　84
37代　安藝ノ海　節男　86
38代　照國　万蔵　88

🏮 豆知識　大相撲の言葉　96

横綱に関する表記等は相撲博物館資料によった

昭和戦後期から現代までの横綱 97

🏵**番付の読み方・楽しみ方** 98

39代 前田山 英五郎（まえだやま えいごろう）......... 100

40代 東富士 謹一（あずまふじ きんいち）......... 102

41代 千代の山 雅信（ちよのやま まさのぶ）......... 104

42代 鏡里 喜代治（かがみさと きよじ）......... 106

43代 吉葉山 潤之輔（よしばやま じゅんのすけ）......... 108

44代 栃錦 清隆（とちにしき きよたか）......... 112

45代 若乃花 幹士（初代）（わかのはな かんじ）......... 114

46代 朝潮 太郎（あさしお たろう）......... 116

47代 柏戸 剛（かしわど つよし）......... 122

48代 大鵬 幸喜（たいほう こうき）......... 124

49代 栃ノ海 晃嘉（とちのうみ てるよし）......... 126

50代 佐田の山 晋松（さだのやま しんまつ）......... 128

51代 玉の海 正洋（たまのうみ まさひろ）......... 134

52代 北の富士 勝昭（きたのふじ かつあき）......... 136

53代 琴櫻 傑将（ことざくら まさかつ）......... 138

54代 輪島 大士（わじま ひろし）......... 144

55代 北の湖 敏満（きたのうみ としみつ）......... 146

56代 若乃花 幹士（2代目）（わかのはな かんじ）......... 148

57代 三重ノ海 剛司（みえのうみ つよし）......... 150

58代 千代の富士 貢（ちよのふじ みつぐ）......... 156

59代 隆の里 俊英（たかのさと としひで）......... 158

60代 双羽黒 光司（ふたはぐろ こうじ）......... 160

61代 北勝海 信芳（ほくとうみ のぶよし）......... 162

62代 大乃国 康（おおのくに やすし）......... 164

63代 旭富士 正也（あさひふじ せいや）......... 166

64代 曙 太郎（あけぼの たろう）......... 174

65代 貴乃花 光司（たかのはな こうじ）......... 176

66代 若乃花 勝（わかのはな まさる）......... 178

67代 武蔵丸 光洋（むさしまる こうよう）......... 180

68代 朝青龍 明徳（あさしょうりゅう あきのり）......... 186

69代 白鵬 翔（はくほう しょう）......... 192

70代 日馬富士 公平（はるまふじ こうへい）......... 194

71代 鶴竜 力三郎（かくりゅう りきさぶろう）......... 196

72代 稀勢の里 寛（きせのさと ゆたか）......... 198

🏵**豆知識** 横綱伝達式の口上 206

あとがき 207

主な参考文献

●大相撲写真画報 昭和の優勝三賞力士 土俵のヒーロー 双葉山から小錦まで 日本スポーツ出版社

●横綱＆大関大鑑 歴代横綱72人、昭和以降の大関49人が登場 ベースボール・マガジン社

●大相撲戦後70年史 ベースボール・マガジン社

●月刊 相撲 ベースボール・マガジン社

●月刊 大相撲 読売新聞社

●サンケイスポーツ

●日刊スポーツ

●スポーツニッポン

●スポーツ報知

印象に残った力士

（幕内最高位を示した）

【1910〜20年代ごろ】

駒ヶ嶽 國力	大関	52
伊勢ノ濱 慶太郎	大関	52
大鳴門 灘右エ門	関脇	53
國見山 悦吉	大関	53
豊國 福馬	大関	72
大ノ里 萬助	大関	72
両國 梶之助	関脇	73
太刀光 電右エ門	大関	73
能代潟 錦作	大関	74
出羽ケ嶽 文治郎	関脇	74
清水川 元吉	大関	75
常陸岩 英太郎	大関	75

【1930〜40年代ごろ】

幡瀬川 邦七郎	関脇	90
鏡岩 善四郎	大関	90
天竜 三郎	関脇	91
沖ツ海 福雄	関脇	91
三根山 隆司	大関	92
佐賀ノ花 勝巳	大関	92
五ツ嶋 奈良男	大関	93
名寄岩 静男	大関	93
増位山 大志郎	大関	94
汐ノ海 運右エ門	大関	94
高登 弘光	関脇	95
玉ノ海 梅吉	関脇	95

【1950年代ごろ〜】

力道山 光浩	関脇	110
神風 正一	関脇	110
大内山 平吉	大関	111
時津山 仁一	関脇	111
琴ヶ濱 貞雄	大関	118
信夫山 治貞	関脇	118
松登 晟郎	大関	119
玉乃海 太三郎	関脇	119
鶴ヶ嶺 昭男	関脇	120

成山 明	小結	120
安念山 治	関脇	121
若羽黒 朋明	大関	121

【1960年代ごろ〜】

栃光 正之	大関	130
若秩父 高明	関脇	130
北葉山 英俊	大関	131
明武谷 清	関脇	131
豊山 勝男	大関	132
若浪 順	小結	132
大麒麟 将能	大関	133
清國 忠雄	大関	133
長谷川 勝敏	関脇	140
前の山 太郎	大関	140
藤ノ川 豪人	関脇	141
栃東 知頼	関脇	141
高見山 大五郎	関脇	142
龍虎 勢朋	小結	142
黒姫山 秀男	関脇	143
大受 久晃	大関	143

【1970年代ごろ〜】

貴ノ花 利彰	大関	152
旭國 斗雄	大関	152
増位山 太志郎	大関	153
金剛 正裕	関脇	153
魁傑 将晃	大関	154
鷲羽山 佳員	関脇	154
麒麟児 和春	関脇	155
富士櫻 栄守	関脇	155

【1980年代ごろ〜】

琴風 豪規	大関	168
朝潮 太郎	大関	168
北天佑 勝彦	大関	169
若嶋津 六夫	大関	169
多賀竜 昇司	関脇	170
逆鉾 伸重	関脇	170

小錦 八十吉	大関	171
霧島 一博	大関	171
水戸泉 眞幸	関脇	172
寺尾 常史	関脇	172
益荒雄 宏夫	関脇	173
安芸乃島 勝巳	関脇	173

【1990年代ごろ〜】

琴錦 功宗	関脇	182
貴闘力 忠茂	関脇	182
琴ノ若 晴将	関脇	183
舞の海 秀平	小結	183
貴ノ浪 貞博	大関	184
魁皇 博之	大関	184
智乃花 伸哉	小結	185
武双山 正士	大関	185

【2000年代ごろ〜】

千代大海 龍二	大関	188
旭天鵬 勝	関脇	188
出島 武春	大関	189
雅山 哲士	大関	189
琴欧洲 勝紀	大関	190
琴光喜 啓司	大関	190
栃東 大裕	大関	191
高見盛 精彦	小結	191

【2010年代ごろ〜】

琴奨菊 和弘	大関	200
豪栄道 豪太郎	大関	200
把瑠都 凱斗	大関	201
栃ノ心 剛史	大関	201
高安 晃	大関	202
遠藤 聖大	小結	202
貴景勝 光信	大関	203
朝乃山 英樹	大関	203
逸ノ城 駿	関脇	204
照ノ富士 春雄	大関	204
御嶽海 久司	関脇	205
徳勝龍 誠	前頭2	205

江戸から昭和戦前期までの横綱

明石 志賀之助
綾川 五郎次
丸山 権太左衛門
谷風 梶之助
小野川 喜三郎
阿武松 緑之助
稲妻 雷五郎
不知火 諾右衛門
秀の山 雷五郎
雲龍 久吉
不知火 光右衛門
陣幕 久五郎
鬼面山 谷五郎
境川 浪右衛門
梅ヶ谷 藤太郎（初代）
西ノ海 嘉治郎（初代）
小錦 八十吉
大砲 万右衛門
常陸山 谷右衛門

梅ヶ谷 藤太郎（2代目）
若島 権四郎
太刀山 峰右衛門
大木戸 森右衛門
鳳 谷五郎
西ノ海 嘉治郎（2代目）
大錦 卯一郎
栃木山 守也
大錦 大五郎
宮城山 福松
西ノ海 嘉治郎（3代目）
常ノ花 寛市
玉錦 三右衛門
武藏山 武
男女ノ川 登三
双葉山 定次
羽黒山 政司
安藝ノ海 節男
照國 万藏

江戸時代の大相撲

　本来「相撲」は農耕民族である日本古来の格闘技で、五穀豊穣を祈る神事であったといわれる。平安期には朝廷の恒例行事として取り入れられ、毎年7月に相撲節会が全国から力自慢の相撲人を集め催された。鎌倉期には武士の娯楽として定着し、室町期には寺社造営のための寄付を集める「勧進相撲」が始まった。相撲人気は高まり、人々から熱狂を集める娯楽としても定着してきた。

　こうしたなか、江戸初期には京・大坂・江戸で、寺社奉行の管轄で勧進相撲が興行として許された。18世紀以降は大坂の堀江新地や難波新地、江戸は深川、本所、湯島などで開催され、大坂相撲・江戸相撲と言われた。それぞれに所属する力士は異なり、また力士は藩のおかかえとして身分を持った。年に春・秋2回の晴天10日間（当初8日間）の興行だったため、職業相撲の関取は当時の川柳で「1年を20日で暮らすよい男」と詠まれている。

勧進大相撲土俵入之図　歌川国芳画
嘉永2（1849）年11月に両国の回向院で開催された本場所の錦絵。土俵中央に座っている行司は木村庄之助。3階席までいっぱいの観客に、相撲人気がうかがえる。（東京都立中央図書館特別文庫室所蔵）

初代 明石 志賀之助

あかし しがのすけ

本　　名	山内志賀之助
生 没 年	？〜？
出 身 地	下野国宇都宮？
	（現・栃木県宇都宮市）
四 股 名	明石志賀之助
身　　長	252 センチ？
体　　重	185 キロ？

江戸時代前期に活躍したといわれる横綱。身長がなんと252センチ、体重が185キロあったとされる。京都相撲で無類の強さを誇った仁王仁太夫を倒したことで、朝廷から、現在の横綱の別称として知られる「日下開山」の称号を受けたことにより、初代横綱に認定されたといわれる。相撲の四十八手の考案者ともいわれているが、生まれも没年も、そのほとんどが不明になっている。

江戸時代 伝説の横綱

二代 綾川 五郎次

あやがわ ごろうじ

本　　　名	綾川五郎次
生 没 年	1703年?〜
	1765年3月14日
	（46歳?）
出 身 地	下野国（栃木県）?
四 股 名	綾川五郎次
身　　　長	200センチ?
体　　　重	150キロ?

江戸相撲の興行が地元（下野国）にやって来た時に、当時は最高位だった大関の黒雲惣太郎と対戦。好勝負を演じ、それがきっかけで江戸に行って力士になった。その後、京都相撲で最強の力士だった阿蘇ケ岳桐右衛門に勝ち、知名度を上げたといわれ、14歳で大関になったという説もある。土俵上ではニコニコと笑顔を見せ人気があったと伝えられる。

相撲節会にはじまる古来より、相撲の故実を伝承してきた吉田司家は、横綱免許を初めて谷風、小野川に授与した時、吉田司家側が「当家文書には綾川、丸山と申すものに免許を与えたが記録は火災により失われた」と発言。このことから綾川、丸山の名前が二代目、三代目として残ることとなった。

三代　丸山 権太左衛門

まるやま ごんたざえもん

本　　名	芳賀銀太夫
生 没 年	1713 年〜 1749 年 12 月 23 日 （37 歳）
出 身 地	陸奥国遠田郡中津山村 （現・宮城県登米市 米山町中津山）
四 股 名	丸山権太左衛門
身　　長	197 センチ
体　　重	160 キロ

頭のてっぺんに丸いコブがあったことから丸山という名前がつき「丸山権左衛門」という四股名になった。すごい怪力で、両手で突っ張るだけで相手力士は立っていられなかったという。太い竹を素手で割ってみせ、それを見て驚いた商人が買い取り、家宝にしたとも伝えられている。また、五斗俵（75 キロ）に筆を突き刺し、それを持ち上げて「いろはにほへと」を書いてみせたという。

9

江戸時代 伝説の力士

大関 雷電 爲右エ門

らいでん ためえもん

本　　名	関太郎吉
生 没 年	1767 年〜 1825 年 4 月 9 日（59 歳）
出　　身	信濃国小県郡大石村 （現・長野県東御市）
身　　長	197 センチ
体　　重	172 キロ。
最 高 位	大関　優勝相当成績 28 回
幕内成績	254 勝 10 敗 2 分 14 預 5 敗 41 休（35 場所）

新入幕は 1790 年 11 月場所で、初土俵は関脇付出し。いきなり優勝した。その 3 年後から四連覇を達成、二場所の不出場を挟み七連覇し、そのまま全休して引退。対戦相手に負傷者が続出したため、「張り手、てっぽう、かんぬき」の技を禁止された。横綱になれなかったのは、講談によると関取・四海波（しかいは）を土俵上で投げ殺したことで昇進が消滅したとされるが、信憑性（しんぴょう）にかける。当時は大関が最高位だったためとも考えられる。

江戸時代 伝説の力士

前頭 大童山 文五郎

だいどうざん ぶんごろう

生 没 年	1788年3月22日〜 1823年1月31日 （34歳）
出 身	出羽国村山郡長瀞村 （現・山形県東根市）
新 入 幕	1794年11月場所
最 高 位	西前頭5枚目
幕内成績	9勝1敗100休 勝率 .900 （12場所）

百姓の子として、出羽国に生まれる。生後1年2か月で37.5キロあったとされ、その怪童ぶりから7歳で初土俵を踏み、最初は土俵入りだけを演じて人気を集め、江戸中の大評判になった。7歳で身長120センチ、体重71キロ、腹周り109センチあった。最終的には159センチ、169キロもあったと伝えられる。引退後は神田でもぐさや手拭いを売っていたという。

11

第4代横綱

谷風 梶之助

たにかぜ かじのすけ

寄り

63 連勝で相撲の黄金時代を築いた 実質的な初代横綱

本　　　名	金子与四郎 (梶之助)
生 年 月 日	1750年8月8日 - 1795年1月9日 (44歳) (現役中に死去)
出 身 地	宮城県仙台市若林区霞目
四 股 名	秀ノ山→達ケ関 (伊達関) →谷風
愛　　　称	江戸時代の大横綱、仙台の谷風
身 長 ・ 体 重	190cm /160kg
得 意 技	寄り
所 属 部 屋	関ノ戸→伊勢ノ海
初 土 俵	1769年4月場所 (大関付出)
最 終 場 所	1794年11月場所
横 綱 昇 進	1789年11月場所
横綱土俵入り	—
年 寄 名	—
連　　　勝	63連勝
上段幕内成績	258勝14敗16分16預5無 (上段幕内在位49場所)
勝　　　率	0.949

優勝相当成績 21回

🔌 実際は98連勝!?

1778年3月から1782年2月にかけて63連勝を記録 (この連勝は江戸本場所だけのもので、京都、大坂の成績を含むと98連勝していることになる)。連勝がストップした翌日から再び43連勝を記録。その強さは江戸中に広まり、お店などでは「うちは谷風だよ」という言葉が「負けない (値引きしない)」という意味で流行ったという。

🐄 タニカゼ

1789年11月、吉田司家から小野川とともに最初の横綱土俵入りの儀式の免許を受けた。

生前、「土俵上でワシを倒したかったら、ワシが風邪にかかった時に来い」と語ったといわれる。この時に流行っていた風邪は「タニカゼ」と呼ばれたが、1795年1月9日、流行していたインフルエンザにより44歳で現役中に亡くなった。35連勝中だった。

第5代横綱
小野川 喜三郎
おのがわ
きさぶろう

14

谷風のライバルとして、寛政の相撲黄金期を支えた名力士

本　　　　名	川村喜三郎（かわむら きさぶろう）
生 年 月 日	1758 年（1761 年説も）- 1806 年 3 月 12 日（48歳）
出　身　地	滋賀県大津市京町
四　股　名	小車→相模川→小野川
愛　　　称	―
身長・体重	178cm /135kg
得　意　技	―
所　属　部　屋	草摺（京都）→小野川（大坂）
初　土　俵	1776 年（大坂相撲）、1779 年 10 月場所（二段目付出）
最　終　場　所	1797 年 10 月場所
横　綱　昇　進	1789 年 11 月場所
横綱土俵入り	―
年　寄　名	小野川
連　　　勝	32 連勝
上段幕内成績	144 勝 13 敗 4 分 9 預 4 無 *（上段幕内在位 23 場所）
勝　　　率	0.917

優勝相当成績 7 回

谷風の連勝を止める

　機敏なスピード相撲で知られ、大坂相撲を経て、江戸相撲に参入。

　一躍脚光を浴びたのが幕下（現在の十両）時代の 1782 年 3 月場所 7 日目、後のライバル谷風の 63 連勝を止める大殊勲を打ち立てた一番。取組内容は、突いていなしたのち、渡し込みで破っている。この勝利で江戸中が大騒ぎとなり、小野川の名は全国に知れ渡った。

ライバル

　1789 年 11 月、谷風とともに横綱免許を受ける。最初は谷風だけに授与される予定だったが、小野川の所属する久留米藩からクレームが寄せられたため、同時に授与となった。

　1791 年には徳川家斉の上覧相撲の結びで谷風と対戦し、小野川の「待った」が認められず「気負け」で敗れている。谷風との対戦成績は 3 勝 6 敗 2 分 2 預 3 無勝負。

＊ 9 預 3 無あるいは 10 預 4 無とする記録も残っている。

15

阿武松 緑之助

おうのまつ
みどりのすけ

寄り

16

19 世紀最初の横綱は、谷風、小野川以来 39 年ぶり

本　　　　名	佐々木長吉 (常吉という説も)
生 年 月 日	1791 年 (1794 年説も) - 1852 年 12 月 29 日 (61 歳)
出　身　地	石川県鳳珠郡能登町
四　股　名	小柳→阿武松
愛　　　称	―
身長・体重	173cm / 135kg
得　意　技	寄り
所　属　部　屋	武隈→雷
初　土　俵	1815 年 3 月場所 (新序)
最　終　場　所	1835 年 10 月場所
横　綱　昇　進	1828 年 3 月場所
横綱土俵入り	―
年　寄　名	阿武松
連　　　勝	18 連勝
上段幕内成績	142 勝 31 敗 24 分 8 預 1 無 (上段幕内在位 26 場所)
勝　　　率	0.821

優勝相当成績 5 回

39 年ぶりの横綱

体が大きく大食漢として知られ、江戸に出てコンニャク屋で働いているうちに力士を志し、江戸相撲の武隈 (たけくま) に認められて入門。

1822 年 10 月に新入幕。順調に昇進して 1826 年 10 月、大関に昇進。長州藩の抱え力士となったことで阿武松と改名。1828 年 3 月に、吉田司家から谷風、小野川以来、実に 39 年ぶりとなる横綱免許を受けた。

「阿武松じゃあるめぇし」

慎重な取り口で、立ち合いに「待った」が多かったことで知られる。

1830 年、上覧相撲でライバルの稲妻に勝ったものの「待った」をした上での勝利だったため評判を落とした。将棋などで「待ってくれ」というと「待った待ったと、阿武松じゃあるめぇし」という言葉が流行した。稲妻との対戦成績では 5 勝 4 敗 5 分 1 預と勝ち越している。

第7代横綱
稲妻雷五郎
いなづまらいごろう

18

阿武松と一時代を築いた怪力横綱

本　　　　名	根本才助
生 年 月 日	1802 年 - 1877 年 3 月 29 日 (76歳)
出 身 地	茨城県稲敷市阿波崎
四 股 名	槇ノ島→稲妻
愛　　　　称	―
身 長・体 重	188㎝ /145kg
得 意 技	―
所 属 部 屋	佐渡ケ嶽→錦島
初 土 俵	1821 年 2 月場所 (二段目付出)
最 終 場 所	1839 年 11 月場所
横 綱 昇 進	1829 年 10 月場所
横 綱 土 俵 入 り	―
年 寄 名	―
連　　　　勝	33 連勝
幕 内 成 績	130 勝 13 敗 14 分 3 預 1 無 (幕内在位 25 場所)
勝　　　　率	0.909

優勝相当成績 10 回

負け越しはわずか 1 回

同じ松江藩お抱えだった雷電と比較されるほど期待が高かった稲妻。第 6 代横綱の阿武松と並んで一時代を築き人気を集めた。

1824 年 10 月に新入幕するといきなり 7 勝 1 預 2 休で優勝相当の成績を挙げ、その後も順調に活躍して 1828 年 11 月には大関、1829 年 9 月には横綱免許授与。入幕から引退まで負け越しは、わずか 1 回のみ。

怪力エピソード

怪力で知られ、よく通っていた質屋に 2 人がかりで運ぶほどの火鉢があったが、片手でつまんで、もう片方の手に持ったキセルに火をつけたといわれている。ある時、主人がこの火鉢に約 150 キロの天保銭をこっそり埋めておいたが、稲妻はいつも通り持ち上げた。

その怪力に驚き、主人は銭が入ったまま火鉢を贈ったという。

第8代横綱
不知火諾右衛門
しらぬい
だくえもん

史上唯一、関脇に陥落した横綱

本　　　名	近久信次	
生 年 月 日	1801 年 - 1854 年 7 月 27 日	(53 歳)
出 身 地	熊本県宇土市栗崎町	
四 股 名	戸立野→白川→黒雲→濃錦里→不知火	
愛　　　称	―	
身長・体重	176cm /135kg	
得 意 技	―	
所 属 部 屋	湊 (大坂)、浦風 (江戸)	
初 土 俵	1822 年 (大坂相撲)	
最 終 場 所	1844 年 1 月場所 (江戸相撲)	
横 綱 昇 進	1840 年 11 月場所	
横綱土俵入り	―	
年 寄 名	湊 (大坂)	
連　　　勝	16 連勝	
幕 内 成 績	48 勝 15 敗 3 分 2 預 1 無 (幕内在位 14 場所)	
勝　　　率	0.762	

優勝相当成績 1 回

妻子を残して大坂に

子供の頃から力持ちで造り酒屋で働いていた時、近所で火事があり酒蔵の樽を 1 人で運び出したという逸話がある。結婚後、2 児をもうけ幸せな家庭を築いていたが、妻子を残して故郷を離れ、大坂に渡ることになった。講談では、村で殺人事件を起こしたのが理由になっている。力仕事に従事した後、大坂相撲の湊部屋に入門した。

横綱から関脇に陥落 !?

大坂相撲で大関まで昇進した後、相撲の本場である江戸相撲に挑戦、1837 年春場所で新入幕を果たし、その後も順調に番付を上げ 1839 年 3 月場所、大関昇進と同時に不知火と改名。1840 年 11 月に横綱免許を受けるが、休場が続き 1842 年 2 月場所には関脇に陥落。史上唯一、番付が降格した横綱という不名誉な記録の力士である。

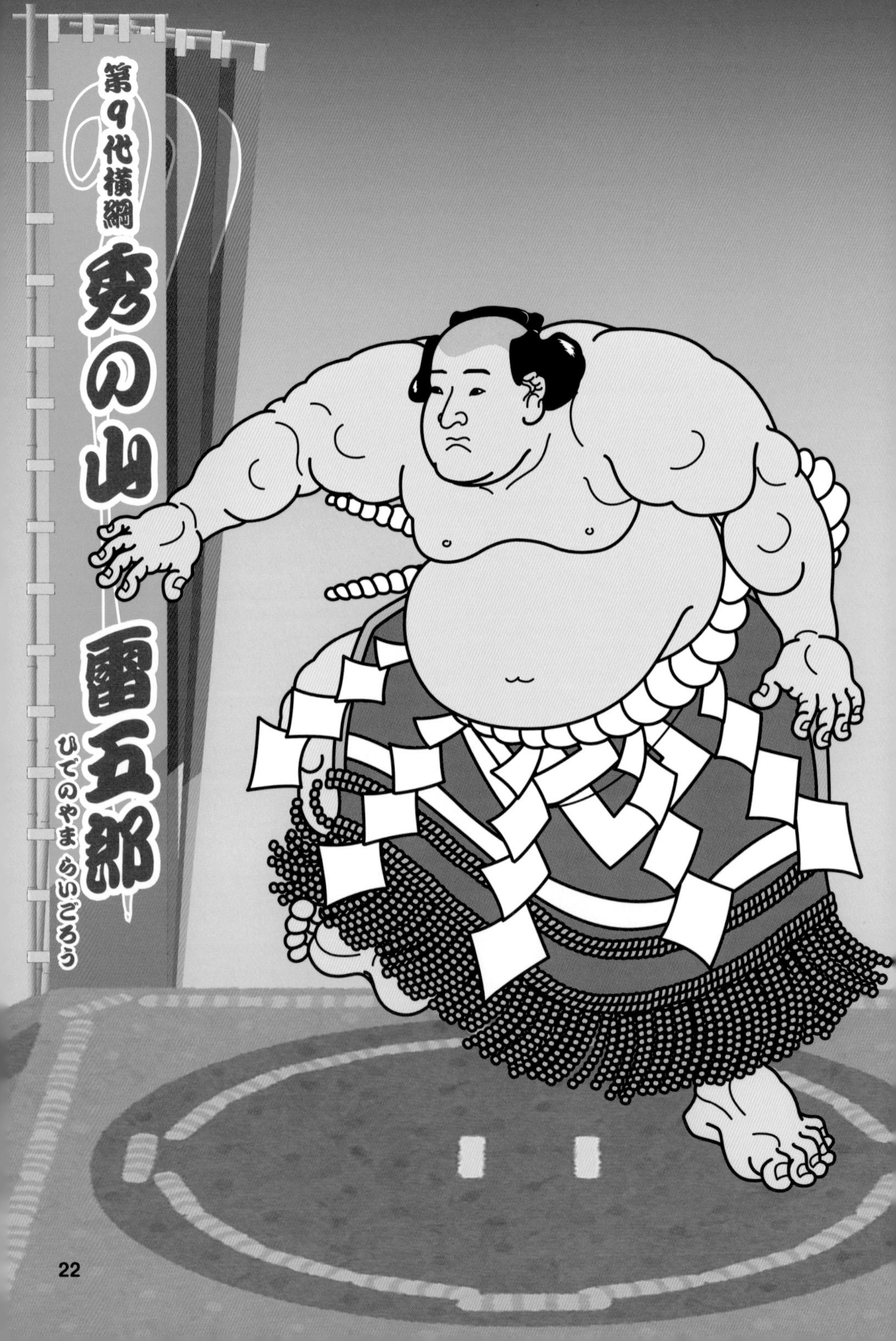
第9代横綱
秀の山 雷五郎
ひでのやま らいごろう

身長 164 センチの歴代最短身横綱

本　　　　名	菊田→橋本辰五郎	
生 年 月 日	1808 年 - 1862 年 5 月 19 日 <small>(55 歳)</small>	
出　身　地	宮城県気仙沼市最知川原	
四　股　名	北山→天津風→立神→岩見潟→秀の山	
愛　　　称	―	
身長・体重	164㎝ /135kg	
得　意　技	―	
所　属　部　屋	秀ノ山	
初　土　俵	1828 年 <small>(新序)</small>	
最　終　場　所	1850 年 3 月場所	
横　綱　昇　進	1845 年 11 月場所	
横綱土俵入り	―	
年　寄　名	秀ノ山	
連　　　勝	30 連勝	
幕　内　成　績	112 勝 21 敗 33 分 2 預 <small>(幕内在位 27 場所)</small>	
勝　　　率	0.842	

優勝相当成績 6回

歴代最短身横綱

少年時代から力士を目指すも、どこも門前払い。千葉の成田山に 37 日こもり、その根性を先代の秀の山に評価され、入門。1837 年に 30 歳で入幕、快進撃が続き 1841 年に大関昇進。1 度関脇に下がり、大関に返り咲いた 1844 年から秀の山を襲名。1845 年 9 月に横綱免許を受け、歴代最短身横綱が誕生。1850 年で 42 歳で引退。

秀の山の「情け物語」

講談では贔屓筋の伊勢屋から，これに勝てばなじみの芸者を見受けして夫婦にしてやると持ち掛けられたが、相手の鷲ヶ濱は負ければ破門されることから自害を決意。

それを知った母親が秀の山に話して負けるよう懇願、悩んだ末に相撲は負け、引退を決心するが話を聞いた伊勢屋に励ましを受けて横綱に昇進したという。

第10代横綱

雲龍 久吉

うんりゅう ひさきち

寄り

横綱土俵入りの「雲龍型」の 創設者として知られる

本 名	塩塚久吉→佐藤喜太郎
生 年 月 日	1823 年 - 1890 年 6 月 15 日 (67歳)
出 身 地	福岡県柳川市大和町皿垣開
四 股 名	雲龍
愛 称	―
身 長 ・ 体 重	179cm /135kg
得 意 技	寄り
所 属 部 屋	追手風→雷→追手風
初 土 俵	1847 年 11 月場所 (二段目付出)
最 終 場 所	1865 年 2 月場所
横 綱 昇 進	1861 年 10 月場所
横 綱 土 俵 入 り	不知火型
年 寄 名	追手風
連 勝	16 連勝
幕 内 成 績	127 勝 32 敗 15 分 5 預 (幕内在位 26 場所)
勝 率	0.799

優勝相当成績
7回

🔌 苦労人の横綱

　少年時代に両親を亡くし、弟妹のために大人たちに混じって力仕事に励んだ。体格に恵まれ、周囲の勧めで角界入りを決意。

　1847 年幕下付出しで初土俵。毎場所好成績を重ね、1853 年、30 歳で入幕を果たし、1861 年に 39 歳で横綱免許を受けた。四つに組んでじっくり取る相撲で江戸では大変な人気力士だった。

🐃 雲龍型（?）

　横綱土俵入りの「雲龍型」の創設者としてその名を残している。

　しかし、現在の「不知火型」を行った第22代横綱の太刀山の土俵入りを、当時のマスコミが「雲龍の型を伝承した」と断言していることから、もしかしたら「雲龍型」と「不知火型」は途中で入れ替わったのではないかという説もある。(→ p.31 参照)

第11代横綱
不知火 光右衛門

しらぬい
こうえもん

右四つ

みごとな横綱土俵入りで人気を博す

本　　　　名	原野→近久峰松
生 年 月 日	1825年3月3日 - 1879年2月24日 (53歳)
出 身 地	熊本県菊池郡大津町陣内
四 股 名	殿利 (殿) →不知火
愛　　　称	―
身長・体重	177cm /120kg
得 意 技	右四つ、寄り
所 属 部 屋	湊 (大坂) 、境川 (江戸)
初 土 俵	1850年11月場所 (二段目)
最 終 場 所	1869年11月場所
横 綱 昇 進	1863年11月場所
横綱土俵入り	雲龍型
年 寄 名	湊
連　　　勝	16連勝
幕 内 成 績	119勝35敗15分9預 (幕内在位27場所)
勝　　　率	0.773

優勝相当成績
3回

🔌 見事な土俵入り

色白の美男で、当時の錦絵が飛ぶように売れたほどの人気力士だった。技能派の相撲で知られ、右を差したら盤石だったが、横綱の陣幕には0勝13敗2分と全く歯が立たなかった。横綱免許を受けた後の土俵入りは「白鶴の翼を張れるがごとし」と形容されたほど見事だったため、引退から3年に渡って横綱土俵入りのみを披露したという。

🏮 不知火型 (?)

「不知火型」の横綱土俵入りの創始者として名を残している。

四股の後、徐々にせり上がる時、両腕をいっぱいに開くのが特徴で、攻めを象徴する豪快な型が不知火型とされるが、実際どのような土俵入りだったのかはっきりとわからず、むしろ今の「雲龍型」に近いのではという説もある。(→ p.31 参照)

第12代横綱

陣幕久五郎

じんまく きゅうごろう

寄り

「負けず屋」の異名を持つ
江戸時代最後の横綱

本　　　名	石倉槇太郎
生 年 月 日	1829年5月3日 - 1903年10月21日（74歳）
出　身　地	島根県松江市東出雲町下意東
四　股　名	黒織→陣幕
愛　　　称	負けず屋、建碑狂
身長・体重	174cm / 138kg
得　意　技	寄り
所　属　部　屋	朝日山（大坂）、秀ノ山（江戸）
初　土　俵	1850年11月場所（二段目・大坂相撲）
最　終　場　所	1867年11月場所
横　綱　昇　進	1867年4月場所
横綱土俵入り	―
年　寄　名	陣幕（大坂、1880年9月限り廃業）
連　　　勝	25連勝
幕　内　成　績	87勝5敗17分3預（幕内在位19場所）
勝　　　率	0.946

優勝相当成績
5回

🖱「負けず屋」

　じっくり構える堅実な取り口で、俵に足がかかるとテコでも動かなかったと言われ「負けず屋」の異名をとった。9割4分6厘と第4代の谷風以来となる高い幕内勝率で、通算で喫した黒星は史上最少の5。

　1867年4月、吉田司家から横綱免許を受けた。同年11月場所、土つかずのまま5回目の優勝相当。1868年40歳で突如引退した。

🏛歴代横綱之碑

　1900年、横綱代数を考案し、東京富岡八幡宮に「横綱力士碑」を設立した。歴史上の横綱を初代から数えていく「歴代横綱」の発想は陣幕自ら考え、史実のうえでは谷風、小野川を初代横綱とするところを、伝説の明石を初代にすえ、綾川、丸山の3人を加えた。問題も指摘されたが昭和になって相撲協会もようやく公認するようになった。（→p.30参照）

横綱陣幕と横綱力士の碑

1900（明治33）年、第12代横綱の陣幕久五郎が発起人となって、相撲興行の前身である勧進相撲にゆかりの富岡八幡宮（現、江東区富岡）内に、横綱力士碑を建立した。

高さ3.5メートル、幅3メートル、重量20トンに及ぶ石碑で、現在でも新横綱が誕生した際には相撲協会立会いのもと刻名式が行われ、新横綱の土俵入りが奉納される。またその碑の両側には、第12代横綱の陣幕と第11代横綱であった不知火光右衛門の力士姿が彫られた石碑も建てられている。

富岡八幡宮は、江戸勧進相撲発祥の地とされている。江戸時代の相撲興行は京・大坂からはじまったが、トラブルが多くしばしば禁令が出ていた。その後禁令が緩み、貞享元（1684）年幕府より春と秋の2場所の勧進相撲が許された。その地が富岡八幡宮の境内だったのである。以降約100年間にわたって本場所が境内にて行われ、その間に定期興行制

や番付制が確立されていった。そののち本場所は、本所回向院（現、墨田区両国）に移っていったが、その基礎は富岡八幡宮で築かれ、現在の大相撲へと繋がっていくことになる。

陣幕は横綱の代数を考案したことが大きな功績とされるが、それは横綱力士碑の建設にあたって、作成・配布したためと考えられている。横綱免許が授与された力士を、代数・免許を得た年・所属藩（初代から3代までは出身地）・四股名についてまとめたもの（「横綱力士累代姓名」下写真）で、横綱碑にもこの順番で刻印され、現代まで続いている。

（富岡八幡宮HP、江東区深川江戸資料館資料）

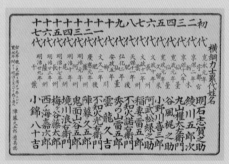

横綱土俵入りの型

雲龍型

第10代横綱、雲龍久吉が行った横綱土俵入りの型と言われ、この名称となった。現在の雲龍型をつくったのは第20代横綱の梅ヶ谷藤太郎（2代目）。

大きく四股を踏んだ後、せり上がりの時に、守りを表す左手を脇腹にあて、攻めを表す右手を斜め下に伸ばす。攻守一体のバランスの良い相撲を示しているといわれている。雲龍型の土俵入りの横綱には、大鵬・北の湖・千代の富士・曙・貴乃花・朝青龍・鶴竜・稀勢の里などがいる。

不知火型

第11代横綱、不知火光右衛門が行った横綱土俵入りの型と言われ、この名称となった。現在の不知火型をつくったのは第22代横綱の太刀山峰右衛門。

大きく四股を踏んだ後、せり上がりの時に両手を左右に開くのが不知火型。これは雲龍型に対し、より積極的な攻めを示しているといわれる。不知火型の土俵入りの横綱には、隆の里・旭富士・第66代若乃花・白鵬・日馬富士などがいる。

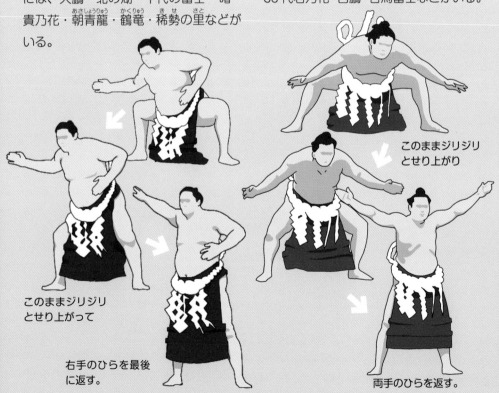

このままジリジリとせり上がって

右手のひらを最後に返す。

このままジリジリとせり上がり

両手のひらを返す。

31

第13代横綱
鬼面山谷五郎

きめんざん
たにごろう

右四つ

32

最年長記録、43歳で横綱免許を受けた明治初の横綱

本　　　　名	田中新一（のち武隈姓？）
生　年　月　日	1826年（1825年、1829年説も）- 1871年7月23日（45歳）
出　身　地	岐阜県養老郡養老町鷲巣
四　股　名	濱碇→弥高山→鬼面山
愛　　　　称	―
身長・体重	186cm／140kg
得　意　技	右四つ、寄り、上手投げ
所　属　部　屋	武隈
初　土　俵	1852年2月場所（二段目付出）
最　終　場　所	1870年11月場所
横　綱　昇　進	1869年4月場所
横綱土俵入り	―
年　寄　名	鬼面山（武隈）
連　　　　勝	23連勝
幕　内　成　績	143勝24敗16分8預（幕内在位27場所）
勝　　　　率	0.856

優勝相当成績 7回

🔌人物

幼い頃から体が大きく大食いで、母親がイモ汁と米2升を炊いて外出すると、その間にすべて食べてしまい、素知らぬ顔をしていたという。

古武士を思わせる風貌ながら温厚な人柄で知られ、女性を近付けず酒は呑まずと伝わるが、妻子持ちだったといわれる。稽古上がりにアサリを買ってちゃんこをするのが楽しみだったという。

🐗陣幕との対戦

陣幕とは、ともに阿波藩のお抱えで同じ東方のため対戦はなかった。

ところが陣幕が薩摩藩に鞍替え、西に回ったため、互いの感情が激突するなか1867年4月場所7日目に1度だけ対戦。お互いの藩が殺気立つ異様な雰囲気のなか、勝負は水入り2回の末、引き分けとなった。1869年2月、43歳の史上最高齢で横綱免許を受けた。

第14代横綱

境川 浪右衛門

さかいがわ
なみえもん

吊り

多くの力士から人望を集めた「明治の谷風」

本　　　　名	宇田川政吉→市川政吉→市川浪右衛門
生 年 月 日	1841年4月8日 - 1887年9月16日 (46歳)
出 身 地	千葉県市川市高谷2丁目
四 股 名	小西川→四方山→増位山→境川
愛　　　　称	明治の谷風、一ツ目の大名
身 長 ・ 体 重	169㎝ /128kg
得 意 技	左四つ、諸差し、腹櫓、吊り
所 属 部 屋	境川
初 土 俵	1857年11月場所 (序ノ口)
最 終 場 所	1881年1月場所
横 綱 昇 進	1877年1月場所
横綱土俵入り	―
年 寄 名	境川
連　　　　勝	26連勝
幕 内 成 績	118勝23敗71分5預 (幕内在位28場所)
勝　　　　率	0.837

優勝相当成績 5回

人格者

　相手力士に十分に相撲を取らせてから、自慢の太鼓腹に相手を乗せて吊りや投げを見せる「腹櫓」を得意にした。勝ち味の遅さで、引き分けも多かった。

　人格に優れ、下位力士にも礼節を重んじため、多くの力士の人望を集めたという。東京本所一ツ目に住んでいたことから「一ツ目の大名」と称された。「明治の谷風」とも呼ばれた。

弟子の事件と死

　境川の悩みの種が師匠の娘である妻の浮気や浪費だった。

　ある夜、弟子の甲喜三郎が、境川の妻の浮気相手である役者、松之助を両国橋で見かけ、殴って川に放り込み死亡させてしまった。甲は捕まったが、同情の余地ありとして釈放された。しかし牢屋に入っていた時にかかった病気が元で死去。境川が手厚く葬ったという。

58連勝、幕内勝率9割5分1厘の記録を持つ明治初期の名横綱

本　　　　名	小江藤太郎
生 年 月 日	1845年3月3日(2月9日説も) – 1928年6月15日(83歳)
出 　身 　地	福岡県朝倉市杷木町志波梅ケ谷
四 　股 　名	梅ケ谷
愛　　　　称	大雷、相撲道中興の祖
身 長 ・ 体 重	176cm/120kg
得 　意 　技	筈押し、突っ張り、左四つ、寄り
所 属 部 屋	湊(大坂)→玉垣(東京)→梅ケ谷→雷
初 　土 　俵	1871年3月場所(二段目付出)
最 終 場 所	1885年5月場所
横 綱 昇 進	1884年5月場所
横綱土俵入り	―
年 　寄 　名	梅ケ谷→雷
連　　　　勝	58連勝
幕 内 成 績	116勝6敗18分2預(幕内在位22場所)
勝　　　　率	0.951

優勝相当成績 9回

🍶 酒で育てられた

赤ん坊の頃から石臼を引き摺るほどの怪童で、母乳より酒を欲しがったため、酒で育てられたという、ウソか本当かわからない伝説がある。実際、酒には強く、1斗以上はいける酒豪だったという。

7歳で大坂相撲に引き取られて、1863年入門と同時に故郷の地名から「梅ヶ谷」に。大坂相撲時代に負けたのはわずか4回だった。

🎏 58連勝を記録

東京相撲に転身。力強い突き押しで、1874年12月場所で新入幕を果たすと、いきなり8勝1分の優勝相当成績を記録。1876年4月場所から1881年1月場所まで58連勝。

その後、1敗を挟んで翌5月場所から1884年5月場所まで35連勝を記録。幕内勝率は雷電に次ぐ史上2位の9割5分1厘、幕内では、わずか6敗しかしなかった。

第16代横綱
西ノ海 嘉治郎
（初代）
にしのうみ かじろう

泉川（ため出し）

番付に初めて「横綱」と明記された横綱

本　　　　名	小園嘉次郎	
生　年　月　日	1855年1月3日 - 1908年11月30日 <small>(53歳)</small>	
出　身　地	鹿児島県薩摩川内市高城町麓	
四　股　名	西ノ海	
愛　　　称	泉川関、藩閥横綱	
身長・体重	176cm / 126kg	
得　意　技	泉川 <small>(決まり技としてはため出し)</small>、寄り	
所　属　部　屋	鯨波 <small>(京都)</small> → 高砂 <small>(東京)</small>	
初　土　俵	1882年1月場所 <small>(幕内格付出)</small>	
最　終　場　所	1896年1月場所	
横　綱　昇　進	1890年5月場所	
横綱土俵入り	―	
年　寄　名	井筒	
連　　　勝	14連勝	
幕　内　成　績	127勝37敗24分4預 <small>(幕内在位29場所)</small>	
勝　　　率	0.774	

優勝相当成績 2回

🔌 荒技の「泉川」が得意

幼少時より、土地相撲で活躍し、1882年西ノ海の四股名で初土俵を踏む。堅太りの体格で、取り口は対戦相手の片腕を両手で抱えて力任せに運ぶ荒技「泉川」を得意とした。

1885年の大関2場所目、6勝1敗2分の成績も、関脇の大達が8勝1敗と成績が上だったため、大関を譲って関脇に陥落（現在では大関から落とさず据え置く）。

🎪 番付に初めて横綱と明記

1890年、横綱免許を授与されるも大関に復帰から1場所で抜群といえる成績ではなかったため、横綱免許授与は物議を醸す。1890年5月場所、前場所の成績が今一歩ながら、横綱免許を受けた自身が張出となることに対し不満を表明。番付に相撲史上初めて「横綱」と明記された。これ以降「横綱」は地位として見なされるようになった。

こにしき やそきち

突っ張り

40

色白、童顔の風貌で女性や子供に人気のあった横綱

本　　　　名	岩井八十吉
生 年 月 日	1866年10月15日 - 1914年10月22日 (48歳)
出 身 地	千葉県山武郡横芝光町横芝
四 股 名	小錦
愛　　　　称	狂える白象
身 長 ・ 体 重	167㎝ /120kg
得 意 技	突っ張り、押し
所 属 部 屋	高砂
初 土 俵	1883 年 5 月場所 (序ノ口)
最 終 場 所	1901 年 1 月場所
横 綱 昇 進	1896 年 5 月場所
横綱土俵入り	―
年 寄 名	二十山
連　　　　勝	39 連勝
幕 内 成 績	119 勝 24 敗 9 分 7 預 (幕内在位 26 場所)
勝　　　　率	0.832

優勝相当成績 7回

🎏 荒れ狂う白象の如し

1888 年 1 月の新入幕の場所から 1891 年 5 月まで、引き分けや預かりを除いて 39 連勝を記録した。

「荒れ狂う白象の如し」と形容された鋭い出足は、行司が「ハッケ（キ）」と軍配を引き「ヨーイ」と言わないうちに勝負が決したとまで言われた。

色白の美形で、女性や子供に人気があり、東京では「小錦織」と名付けられた織物が流行したという。

🎏 横綱になって不振に

1896 年 1 月場所後に吉田司家から横綱免許を受けたが、それまでの相撲とは一転、横綱の重圧で不振が続いた。とくに初日に黒星を喫することが多くなり、相手力士は初日に小錦と対戦することを願っていたという。1901 年 1 月場所で引退、年寄二十山（はたちやま）を襲名。

ちなみに元大関小錦で現在タレントの KONISHIKI は十両を含めると 6 代目。

第18代横綱

大砲

万右衛門

おおづつまんえもん

右四つ

42

「分け綱」と呼ばれ、9戦全分という —珍記録も残した巨人横綱—

本　　　　名	角張万次 (万右衛門)	
生 年 月 日	1869年11月28日 - 1918年5月27日 (48歳)	
出 身 地	宮城県白石市大鷹沢三沢唐竹	
四 股 名	三沢滝→大砲 (大炮と名乗っていた時期も)	
愛　　　　称	分け綱 (引き分けが多いことから)	
身長・体重	194cm / 132kg	
得 意 技	右四つ、寄り、突っ張り、叩き	
所 属 部 屋	尾車	
初 土 俵	1887年1月場所 (序ノ口)	
最 終 場 所	1908年1月場所	
横 綱 昇 進	1901年5月場所	
横綱土俵入り	—	
年 寄 名	待乳山	
連　　　　勝	20連勝	
幕 内 成 績	98勝29敗51分4預 (幕内在位32場所)	
勝　　　　率	0.772	

優勝相当成績 2回

分け綱

　194cm、132kgの巨人横綱だが取り口は不器用で消極的な相撲が多く、どんな相手でも攻めあぐねた。1907年5月場所で9日間全部引き分けという珍記録を残し、横綱ではなく「分け綱」の異名をとった。

　幕内通算51引き分けを記録し、特に横綱昇進後の引き分け率は40%を超えている。

イメージと違って話上手

　1908年5月に引退して年寄待乳山を襲名。現役時代の取り組みのイメージとは異なり、頭の回転が速く、話術に長け、交渉ごとが得意だったことから、地方巡業の売り込み役として協会に貢献した。ちなみにサツマイモが大好物で二貫 (約7.5kg) を焼き芋にして軽々と平らげたといわれる。鯛めしを36杯食べたという記録も。

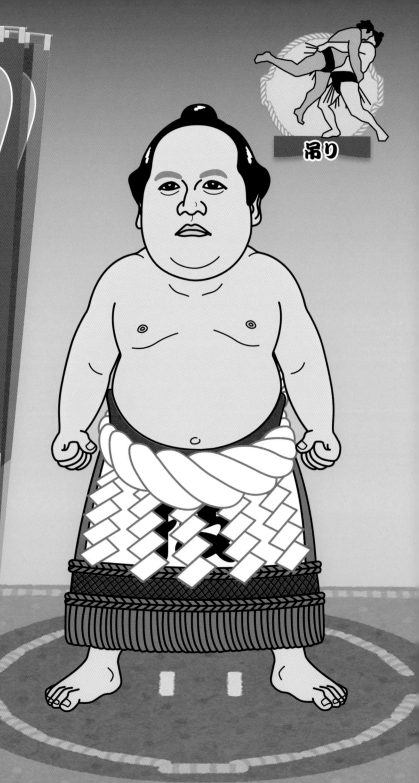

第19代横綱

常陸山谷右衛門

ひたちやま
たにえもん

吊り

相撲界の近代化に大きく貢献し、「角聖」と呼ばれた横綱

本　　　名	市毛谷右衛門
生 年 月 日	1874年1月19日 - 1922年6月19日(48歳)
出 身 地	茨城県水戸市城東
四 股 名	御西山→常陸山
愛　　　称	運命の寵児、御大、角聖、相撲中興の祖
身長・体重	174cm / 146kg
得 意 技	吊り、泉川
所 属 部 屋	入間川→出羽ノ海
初 土 俵	1892年6月場所 (序ノ口)
最 終 場 所	1914年5月場所
横 綱 昇 進	1904年1月場所
横綱土俵入り	―
年 寄 名	出羽ノ海
連　　　勝	32連勝
幕 内 成 績	150勝15敗22分2預131休(幕内在位32場所)
勝　　　率	0.909

優勝相当成績
6回※

※さらに幕内優勝1回

🔌 大相撲黄金時代の横綱

　相手に十分に取らせておいてから振り飛ばすか、豪快に吊り出すという取り口ながら、約16年間の現役生活で黒星はわずか15個。

　「心技体」三拍子揃った横綱として梅ヶ谷とともに大相撲黄金時代を築いた。この人気を背景に1909年両国国技館が建設された。1914年満40歳で引退。引退相撲は3日間開催された。

🏮 「角聖」

　強さだけでなく、身体も人物も力士の理想と称賛され、1907年には渡米してルーズベルト大統領との会見を実現、土俵入りも披露した。1914年5月引退、出羽ノ海を襲名。大錦、栃木山、常ノ花の3横綱を始め、数多くの力士を育成、一代で角界一の大部屋を築いた。協会では取締役として相撲界の近代化に大きく貢献して「角聖」と呼ばれた。

第20代横綱
梅ヶ谷
藤太郎
（二代目）

うめがたに
とうたろう

吊り

46

ライバル常陸山と「梅・常陸時代」を築く

本　　　　名	押田音次郎→小江音松
生 年 月 日	1878年3月11日 - 1927年9月2日 (49歳)
出 身 地	富山県富山市水橋大町
四 股 名	梅ノ谷→梅ヶ谷
愛　　　　称	蝦蟇
身長・体重	168cm /158kg
得 意 技	突き、左四つ、吊り
所 属 部 屋	雷
初 土 俵	1892年1月場所 (序ノ口)
最 終 場 所	1915年6月場所
横 綱 昇 進	1904年1月場所
横綱土俵入り	雲龍型
年 寄 名	雷
連　　　　勝	19連勝
幕 内 成 績	168勝27敗47分2預116休 (幕内在位36場所)
勝　　　　率	0.862

優勝相当成績 4回

🔌 2代目梅ヶ谷を襲名

　子供の頃から巨漢で「怪童」として知られた。元横綱の（初代）梅ヶ谷の雷親方に口説かれ入門。当時、まだ満12歳という子供ながら英才教育を受け、梅ノ谷の四股名で初土俵を踏む。新入幕の場所で横綱小錦から白星。以後の対戦でも4戦全勝と圧倒した。1900年5月、22歳で大関に昇進。1902年1月から師匠の名である梅ヶ谷を襲名する。

🐗 梅・常陸時代

　1903年5月、常陸山と全勝で激突。敗れはしたものの、場所後に常陸山と一緒に横綱免許を受けた。

　横綱の同時免許は100年以上前の実質的な最初の横綱、谷風と小野川以来と話題になった。

　「柔」の梅ヶ谷と、「剛」の常陸山の対照的な2人で「梅・常陸時代」を築いたが、直接対決では梅ヶ谷の3勝6敗5分と分が悪かった。

第27代横綱

若島 権四郎

〈大阪〉

わかしま
ごんしろう

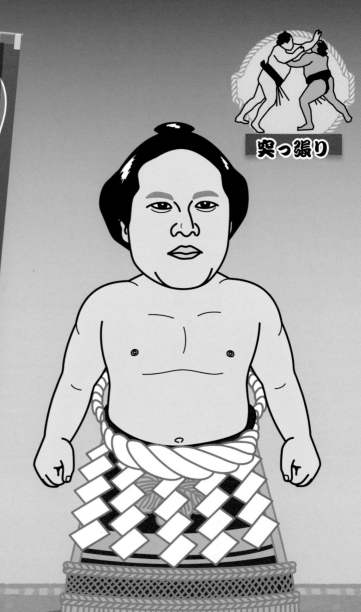

突っ張り

48

大阪相撲の第一人者として活躍し、大阪相撲初の公認横綱に

本　　　　名	高橋→加藤権四郎
生 年 月 日	1876年1月19日 - 1943年10月23日(67歳)
出 身 地	千葉県市川市原木
四 股 名	松若→楯甲→若島 (当初は若島大五郎)
愛　　　　称	―
身長・体重	178cm /108kg
得 意 技	突っ張り、右四つ、寄り、蹴手繰り、出し投げ
所 属 部 屋	楯山→粂川→友綱 (以上東京)→草風 (京都)→中村 (大阪)
初 土 俵	1890年 (東京・序ノ口)
最 終 場 所	1907年1月場所
横 綱 昇 進	1905年6月場所
横綱土俵入り	―
頭 取 名	若島 (1908年6月限り廃業)
連　　　　勝	35連勝
幕 内 成 績	69勝6敗4分3預 (幕内在位14場所)
勝　　　　率	0.920

幕内優勝回数
4回※

※大阪相撲

大阪相撲初の横綱に

　筋肉質の体で美男子、激しい取り口で人気があったが、男前がたたって私生活が乱れ、幕内では足踏みが続いた。師名の若島の四股名を継いだ後、天然痘にかかって巡業地から脱走、大阪相撲に転じる。

　1899年6月場所から35連勝するなど大阪では無敵を誇り、東西合併相撲では常陸山や梅ヶ谷に互角の力を見せ、大阪相撲初の横綱に。

自転車事故で引退

　1905年4月、大阪相撲の力士として初めて正式な横綱に認められたが、同年11月、当時流行した自転車に乗って急坂を下がっていたところ、ブレーキの故障で転倒、どぶに落ちて頭部を強打。

　治療に専念したが、後遺症で四股も踏めなくなり、31歳の若さで引退した。その後、鳥取県米子で劇場を経営し、町会議員を務めた。

突っ張り

第22代横綱

太刀山 峰右衛門

たちやま みねえもん

在京富山縣人

43連勝で黒星後、56連勝を記録、「雷電の再来」といわれた大横綱

本　　　　名	老本弥次郎
生 年 月 日	1877年8月15日 - 1941年4月3日 (63歳)
出 身 地	富山県富山市呉羽町吉作
四 股 名	太刀山
愛　　　称	鬼神、四十五日、大正の雷電、20世紀最強の人類
身長・体重	185cm /139kg
得 意 技	突っ張り、呼び戻し、小手投げ
所 属 部 屋	友綱
初 土 俵	1900年5月場所 (幕下付出)
最 終 場 所	1918年1月場所
横 綱 昇 進	1911年6月場所
横綱土俵入り	不知火型
年 寄 名	東関 (1919年5月限り廃業)
連　　　勝	56連勝
幕 内 成 績	195勝27敗10分5預73休 (幕内在位31場所)
勝　　　率	0.878

幕内優勝回数 9回※

※他に、優勝相当成績2回

🔌 ケタ外れの強豪横綱

相手を一突き半で土俵の外にはじき飛ばすので「四十五日（1月半）の鉄砲」と恐れられた。四つになっても「呼び戻し」の大技で、菊人形の派手な仕掛けになぞらえ「仏壇返し」の異名をとった。

1910年夏場所では、対戦した八嶋山が太刀山を恐れるあまり、一度も体が触れないまま自ら土俵を割り、「にらみ出し」で勝負がついた。

🥁 43連勝の後、56連勝

横綱在位の勝率は9割6分6厘という驚異的成績を残していて、新大関の1909年6月から続けていた連勝は43でストップするが再び勝ち続け、1916年5月場所まで56連勝。引き分けや休みを含むが8年で99勝1敗という記録を残している。

また、世界最強レスラー、ジョージ・ハッケンシュミットとの格闘技戦も内定していたという。

印象に残った力士

駒ヶ嶽國力 （こまがたけ　くにりき）

最高位	大関
賞　歴	一
新入幕	1903 年 5 月場所
幕内戦歴	105 勝 41 敗 29 分預 45 休（22 場所）
得意技	左四つ、上手投げ
愛　称	一

　十両昇進が一緒だった太刀山より先に大関に昇進し、明治の終わり頃までは互角に渡り合った。188 センチの長身から繰り出す豪快な上手投げを得意とし、将来は横綱を期待され、昇進した場合は「谷風」襲名もうわさされたが、酒の飲み過ぎで体を壊し巡業の際に立ち寄った酒屋で脳溢血を発症、急死した。

伊勢ノ濱慶太郎

（いせのはま　けいたろう）

最高位	大関
賞　歴	一
新入幕	1906 年 5 月場所
幕内戦歴	98 勝 82 敗 22 分預 58 休（26 場所）
得意技	左四つ、寄り、上手投げ
愛　称	一

　父親は明治中期に活躍した幕内力士の伊勢ノ濱荻右衛門、祖父は行司 9 代木村庄太郎、従兄には年寄根岸治右衛門がいるという相撲一家。小兵だったが腕力が強く、きびきびとした取り口で人気があり、力水は一度しかつけず、待ったもせず、土俵態度が立派で力士の模範といわれた。趣味で小説を書き、雑誌に発表もしていた。1928 年、旅館で服毒自殺。

大鳴門灘右工門 （おおなると　なだえもん）

最 高 位　関脇
賞　　歴　一
新 入 幕　1909年6月場所
幕内戦歴　72勝83敗15分預70休(24場所)
得 意 技　突っ張り、右四つ、上手投げ
愛　　称　一

　強烈な突っ張り、右四つからの豪快な上手
投げなど、その勝ちっぷりが評判となる。
　また、穏やかな容貌で女性ファンに人気が
あった。1917年5月場所、東前頭2枚目で
大錦、2代目西ノ海の2横綱を破る活躍。こ
れは平幕力士が一場所でふたつの金星をあげたはじめての例。後の大横綱、栃木山の新入幕
場所で初黒星をつけている。

國見山悦吉 （くにみやま　えつきち）

最 高 位　大関
賞　　歴　幕内優勝相当成績2回
新 入 幕　1900年1月場所
幕内戦歴　111勝29敗29分預91休
　　　　　（26場所）
得 意 技　上突っ張り、右四つ、寄り
愛　　称　一

　組んでよし、離れてよしの取り口で小兵力
士に強かった。上突っ張りも得意で、下位の
力士に対して取りこぼしも少なく、その実力
は横綱級と言われた。1905年1月場所9戦
全勝で大関に昇進。1908年5月場所でヒザを脱臼してからは急速に衰え、晩年は引き分け
が多くなり1912年5月場所を最後に現役を引退した。

第23代横綱

大木戸 森右衛門 〈大阪〉

おおきど もりえもん

寄り四つ

横綱免許をめぐって東西でトラブルも
大阪相撲2人目の横綱に

本　　　　　名	内田光蔵
生　年　月　日	1876年5月13日 - 1930年11月7日 (54歳)
出　身　地	兵庫県神戸市東灘区魚崎南町
四　股　名	大城戸→大木戸
愛　　　　　称	―
身長・体重	180cm / 130kg
得　意　技	右四つ、吊り、両手突き
所　属　部　屋	湊 (大阪)
初　土　俵	1896年9月場所見習い
最　終　場　所	1914年1月場所
横　綱　昇　進	1913年1月場所
横綱土俵入り	―
頭　取　名	湊 (1916年6月限り廃業)
連　　　　　勝	28連勝
幕　内　成　績	143勝20敗6分4預 (幕内在位22場所)
勝　　　　　率	0.877

幕内優勝回数 10回 (大阪)

東京相撲への移籍を断念

　怪力で無類の強さを誇り、明治後半の大阪相撲は若島・大木戸時代を迎えて盛り上がっていた。

　1905年、大関に上がった頃、東京相撲との合併興行の際、常陸山に目をかけられ、東京相撲への移籍を考えていたが、若島が不慮の事故で再起不能になり、大阪協会が「大木戸までいなくなっては困る」と止められて断念した。

横綱免許の申請で東西決裂

　1908年6月場所から3場所連続全勝優勝など活躍し、大阪協会は大木戸の横綱申請を吉田司家にしたが決裂。大阪協会は1910年1月、許可を得ないまま独自の横綱を大木戸に伝授、大阪の住吉神社で土俵入りを行ったため、吉田司家は大阪協会を破門、東西の相撲協会が断絶する騒ぎになったが、2年後に和解、横綱免許が与えられた。

鳳谷五郎

おおとり たにごろう

掛け投げ

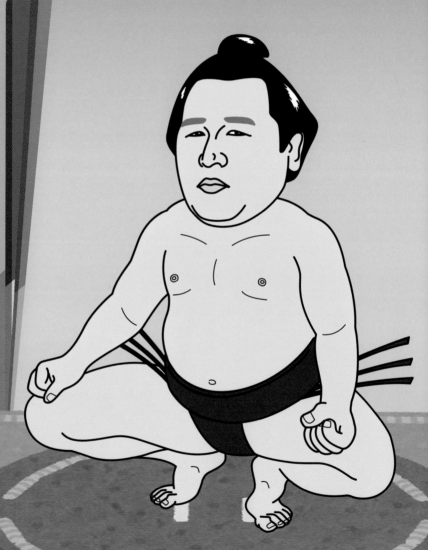

得意技の掛け投げで
「鳳のケンケン」の異名を取り
一世を風靡

本　　　名	瀧田明
生 年 月 日	1887年4月3日 - 1956年11月16日(69歳)
出　身　地	千葉県印西市大森六軒
四　股　名	大鳥→鳳
愛　　　称	久松、鳳のケンケン
身長・体重	174cm / 113kg
得　意　技	左四つ、掛け投げ、掬い投げ、小手投げ
所　属　部　屋	宮城野→勝ノ浦→宮城野
初　土　俵	1903年5月場所 (序ノ口)
最　終　場　所	1920年5月場所
横　綱　昇　進	1915年6月場所
横綱土俵入り	雲龍型
年　寄　名	宮城野
連　　　勝	14連勝
幕　内　成　績	108勝49敗7分8預68休 (幕内在位24場所)
勝　　　率	0.688

幕内優勝回数 2回

お情けで入門

　15歳のとき力士をめざすが、入門規定に満たず不合格に。

　身長164センチ、体重60キロと基準に足りていなかったが四回目にお情けで合格となり、宮城野部屋に入門。軽量だったが、寝るときもまわしを外さず、前髪が擦り切れるほどの猛稽古に明け暮れた。

　美男子で人気があり、歌舞伎の「お染久松」から「久松」と呼ばれた。

鳳のケンケン

　強靭な足腰で、相手の内股に足を入れて掛け、跳ね上げながら投げる「掛け投げ」が得意技。こどもの石蹴り遊びの「ケンケン」に似ているため「鳳のケンケン」といわれて一世を風靡した。1913年春場所、大関に昇進して初優勝。1915年春場所で10戦全勝で横綱昇進をはたした。

　ちなみに俳優の滝田栄は兄の孫にあたる。

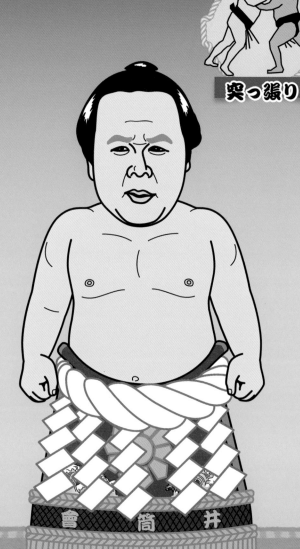

西ノ海 嘉治郎（2代目）
にしのうみ かじろう

突っ張り

43連勝中の横綱太刀山を引き落としで破った歴史的一番が光る

本　　　　名	牧瀬→近藤休八
生 年 月 日	1880年2月6日 - 1931年1月27日(50歳)
出　身　地	鹿児島県西之表市西之表川迎
四　股　名	種子ケ島→星甲→錦洋→西ノ海
愛　　　　称	長者
身長・体重	185cm／139kg
得　意　技	突っ張り、左四つ、寄り
所　属　部　屋	井筒→関ノ戸→井筒
初　土　俵	1900年1月場所
最　終　場　所	1918年5月場所
横　綱　昇　進	1916年5月場所
横綱土俵入り	雲龍型
年　寄　名	井筒
連　　　　勝	14連勝
幕　内　成　績	106勝38敗27分9預70休(幕内在位25場所)
勝　　　　率	0.736

幕内優勝回数 1回

🔌 近所の勧めで角界入り

　15歳の時に「島一番の大男」「種子島の怪童」と評判になり、近所に角界への入門を勧められ本人もその気になったが、父親は反対だった。地元出身の関脇逆鉾が巡業で訪れた際、この噂を聞きつけ、父親を説得して元横綱初代西ノ海の井筒部屋に入門した。錦洋の四股名で入幕、後に師匠の四股名を継いで2代目西ノ海に。

🏆 36歳11か月で初優勝

　1912年春場所、横綱太刀山の連勝を43で止める大殊勲の星を挙げるなど、大関在位7年14場所を務め、1916年春場所、8勝1敗1分で36歳11か月で念願の初優勝を飾り、場所後に横綱に昇進。ただ全盛期は過ぎており、横綱在位5場所で引退。1931年役員選挙において、他の協会幹部と意見が衝突、取締役を辞任後に自殺。

大錦卯一郎

おおにしきういちろう

左四つ

三河島事件で電撃引退した
「近代相撲の開祖」

本　　　　名	細川卯一郎	
生 年 月 日	1891年11月25日 - 1941年5月13日(49歳)	
出 身 地	大阪府大阪市中央区島之内	
四 股 名	大錦	
愛　　　　称	近代相撲の開祖、一番相撲の名人	
身 長・体 重	176cm / 141kg	
得 意 技	左四つ、吊り、寄り	
所 属 部 屋	出羽ノ海	
初 土 俵	1910年1月場所	
最 終 場 所	1923年1月場所	
横 綱 昇 進	1917年5月場所	
横綱土俵入り	雲龍型	
年 寄 名	―	
連　　　　勝	29連勝	
幕 内 成 績	119勝16敗3分32休 (幕内在位17場所)	
勝　　　　率	0.881	

幕内優勝回数
5回

⚫頭で取る相撲で優勝5回

　常陸山にローマ字で入門を願う手紙を出したところローマ字で返事がきたことに感動し入門を決意する。1917年、入幕からわずか6場所で横綱に昇進。

　稽古場ではそれほど強くはなかったが、本場所に強く、頭脳的速攻を得意とする相撲で「一番相撲の名人」「頭で取る相撲」といわれた。

🐗三河島事件で電撃引退

　1923年、相撲協会と力士が養老金などをめぐって対立。関脇以下の力士が東京の三河島の工場に立てもり1月場所をボイコットする「三河島事件」が勃発。大錦は他の横綱、大関、立行司とともに調停にあたったが失敗。責任をとり、自らマゲを切って引退を表明。

　その後、早稲田大学に学び、報知新聞嘱託として相撲評論家に。

第27代横綱

とちぎやま
もりや

栃木山 守也

左はず押し

全盛期のうちに引退した
最強の小兵横綱

本　　　　名	横田→中田守也
生 年 月 日	1892年2月5日 - 1959年10月3日 (67歳)
出 身 地	栃木県栃木市藤岡町大前
四 股 名	栃木山専成→栃木山守也
愛 称	近代相撲の先駆者
身 長・体 重	173cm /103kg
得 意 技	左はず押し
所 属 部 屋	出羽ノ海
初 土 俵	1911年2月場所
最 終 場 所	1925年5月場所
横 綱 昇 進	1918年5月場所
横綱土俵入り	雲龍型
年 寄 名	春日野
連 勝	29連勝
幕 内 成 績	166勝23敗7分4預24休 (幕内在位22場所)
勝 率	0.878

幕内優勝回数 9回

56連勝中だった太刀山を破る

100キロ少しの軽量で、正攻法の押し相撲で活躍。一時代を築いた小兵横綱。入幕までに喫した黒星はわずか3。小結で迎えた1916年夏場所8日目、当時、無敵を誇った太刀山の連勝記録を56でストップさせる大殊勲を立てた。この勝利で花道を引き上げるときに背中に百円札が貼りついていたといわれている。

頭髪が薄くなって引退？

大関で2場所連続優勝して1918年横綱昇進。その後も優勝を重ね、5連覇達成。1924年春場所から3連覇を達成した直後に「今が花だと思うから」という理由で引退。引退から6年後の第1回大日本相撲選手権に出場し、玉錦、天竜ら現役力士を破って優勝。引退の理由は頭髪が薄くなったからでは？といわれた。

品位を評価された
大阪相撲3人目の横綱

本　　　　名	渡邊→山田→鳥井大五郎
生 年 月 日	1883年3月22日 - 1943年5月16日 (59歳)
出　身　地	愛知県弥富市稲元彦九
四　股　名	大錦→朝日山→大錦
愛　　　　称	―
身長・体重	177cm／113kg
得　意　技	左四つ、吊り、左はず押し
所 属 部 屋	伊呂波 (京都) →北陣 (大阪) →朝日山→大錦
初　土　俵	1903年1月 (三段目付出)
最 終 場 所	1922年1月場所
横 綱 昇 進	1918年5月場所
横綱土俵入り	雲龍型
頭 取 名	朝日山→大錦 (1923年6月限り廃業)
連　　　　勝	11連勝
幕 内 成 績	156勝48敗14分10預 (幕内在位30場所)
勝　　　　率	0.765

幕内優勝回数
6回（大阪）

🔌 品位の横綱

大阪相撲3人目の横綱。年に一場所しかなかった大阪相撲で、わずか3年で入幕を果たし、一躍注目を浴びた。1918年、吉田司家から「土俵に上がって立った瞬間の品位は満点」と絶賛され、横綱免許を受け横綱に昇進した。

左はず押し、左四つからの投げが得意で、優勝6回を記録。引退後は相撲茶屋経営に転じた。

🐂 大錦同士の対決

同じ四股名の第26代横綱大錦卯一郎とは、本場所では一度も対戦がなかったが、準本場所として1919年に10日間開催された「東西合併大相撲」の千秋楽で対戦が実現した。結果は卯一郎が吊り出しで勝利した。

「大錦」の四股名を襲名したのは大五郎の方が先だが、卯一郎が先に横綱に昇進している。

第29代横綱
宮城山
福松〈大阪〉
みやぎやま　ふくまつ

右四つ

66

東西合併最初の場所で優勝した
大阪相撲最後の横綱

本　　　名	佐藤福松
生 年 月 日	1895年2月27日 - 1943年11月19日 (48歳)
出 身 地	岩手県一関市五代町
四 股 名	岩手川→宮木山→宮城山
愛　　　称	小鳳、弱い横綱
身長・体重	174cm / 113kg
得 意 技	右四つ、寄り、吊り、下手投げ、うっちゃり
所 属 部 屋	出羽ノ海 (東京) →高田川 (大阪)
初 土 俵	1910年6月場所
最 終 場 所	1931年1月場所
横 綱 昇 進	1922年5月場所
横綱土俵入り	雲龍型
年 寄 名	白玉→芝田山
連　　　勝	15連勝
幕 内 成 績	90勝69敗1分38休 (幕内在位18場所)
勝　　　率	0.566

幕内優勝回数 2回

東西合併、最初の優勝力士

若い頃に東京相撲を脱走して大阪相撲に渡り横綱に昇進した。

昭和になり、1927年春場所、大阪相撲と東京相撲の東西合併を迎えた最初の場所で常ノ花に敗れただけの10勝1敗で優勝。「東西合併のご祝儀優勝で、横綱対決では東京の常ノ花が勝ち、優勝は宮城山というお膳立てができていた」といわれたりした。

弱い横綱

大阪相撲での勝率は8割を超えていたが、東京相撲と合併してからの勝率は5割台。横綱の土俵入りでは観客から「弱い横綱!」と罵声をあびることもあったという。皆勤場所で3回の負け越しを経験している。

1931年3月場所を最後に現役を引退。その後横綱不在が6場所続いた。

第30代横綱
西ノ海 嘉治郎
（3代目）
にしのうみ
かじろう

志有満在

井筒部屋の伝統の四股名「西ノ海」を受け継いだ3人目の同名横綱

本　　　名	松山伊勢助
生 年 月 日	1890年11月2日 - 1933年7月28日 (42歳)
出　身　地	鹿児島県霧島市隼人町真孝
四　股　名	源氏山→西ノ海
愛　　　称	宿屋泣かせ、小便相撲、黒仁王、生蕃
身長・体重	183cm / 116kg
得　意　技	左四つ、もろ差し、掬い投げ、のど輪押し
所　属　部　屋	井筒
初　土　俵	1910年1月場所
最　終　場　所	1928年10月場所
横　綱　昇　進	1923年5月場所
横綱土俵入り	雲龍型
年　寄　名	浅香山
連　　　勝	14連勝
幕　内　成　績	134勝60敗2分2預105休 (幕内在位30場所)
勝　　　率	0.691

幕内優勝回数 1回

横綱3代目「西ノ海嘉治郎」

トントン拍子に出世が早く、新入幕でいきなり優勝同点の成績を挙げた。横綱昇進直前の2場所の成績が、全休、8勝1敗1分という今ではありえない成績で1923年春場所後に昇進。1場所だけ「源氏山」を名乗った後、次の場所から井筒部屋の伝統の四股名「西ノ海嘉治郎」の名を受け継いだ。1925年夏場所で初優勝。

小便相撲

気が小さくて、立合いが上手くなく、仕切りが長いことで知られた。なかなか立たずに仕切りを繰り返すため、西ノ海が土俵に立つと多くの観客がトイレに行ったという。観客が小便をして戻ってきてもまだ仕切っているため「小便相撲」と呼ばれた。

大食漢でも知られ、地方巡業では「宿屋泣かせ」の異名を取った。

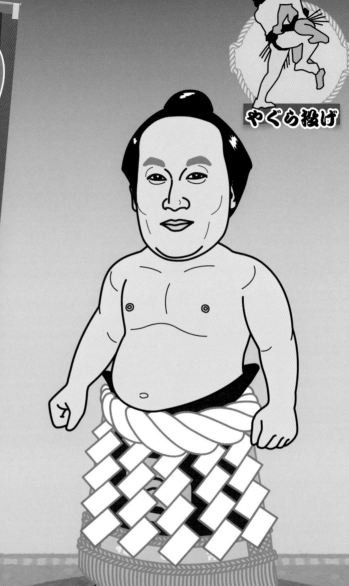

やぐら投げ

引退後に力士出身者初の日本相撲協会理事長に就任

本　　　名	山野辺寛一
生 年 月 日	1896 年 11 月 23 日 - 1960 年 11 月 28 日 (64歳)
出 身 地	岡山県岡山市北区中山下
四 股 名	常ノ花
愛　　　称	御神酒徳利
身 長・体 重	178cm / 113kg
得 意 技	右四つ、やぐら投げ、上手投げ
所 属 部 屋	出羽ノ海
初 土 俵	1910 年 1 月場所
最 終 場 所	1930 年 5 月場所
横 綱 昇 進	1924 年 5 月場所
横 綱 土 俵 入 り	雲龍型
年 寄 名	藤島→出羽海
連　　　勝	15 連勝
幕 内 成 績	221 勝 58 敗 8 分 6 預 68 休 (幕内在位 34 場所)
勝　　　率	0.792

幕内優勝回数 10 回

派手な取り口で優勝 10 回

常陸山に期待をかけられ順調に出世。右四つからの寄り、投げを得意とし、大技のやぐら投げなどの派手な技で観客を沸かせた。

1921 年夏場所の初優勝は、大関 3 場所目で全勝だった。1924 年春場所後に横綱に昇進。品位と風格があり、土俵マナーも素晴らしかったという。優勝 10 回、全勝 3 回の実績を残した。

力士出身初の理事長

引退後の活躍も現役以上に見事だった。年寄藤島になった直後の「春秋園事件」では解決のため奔走。1944 年、戦時中の困難な時期に力士初の理事長に就任、戦後の混乱期に大相撲の再建に大きく貢献した。1957 年国会で相撲協会の体質が追及され、責任感の強さから割腹自殺を図ったが命は取りとめた。2 日後に辞任。

印象に残った力士

豊國福馬 （とよくに　ふくま）

最 高 位	大関
賞　歴	幕内優勝2回
新 入 幕	1921年5月場所
幕内戦歴	162勝87敗2分預31休（26場所）
得意技	左四つ、寄り、泉川
愛　称	―

　江戸時代の名横綱、小野川喜三郎の再来を思わせる怪力で、入幕当初は「小野川」の四股名だった。1927年3月場所、5月場所と連続して9勝2敗の好成績を挙げ、場所後に大関昇進。左四つを得意とし、力強い豪快な相撲で横綱昇進を期待されたが成績にムラがあり果たせなかった。横綱常ノ花とは通算7勝9敗と互角の勝負を演じた。

大ノ里萬助 （おおのさと　まんすけ）

最 高 位	大関
賞　歴	―
新 入 幕	1918年5月場所
幕内戦歴	217勝147敗10分預22休（37場所）
得意技	押し、足技、はたき込み
愛　称	ネズミ、悲劇の大関、相撲の神様

　身長164センチ、体重98キロという小兵ながら、強靭な足腰と腕力で稽古場を動き回り「ネズミ」とあだ名される。巧みな技で小柄ながら大関まで昇進して「相撲の神様」と呼ばれ、大関在位24場所を数える。1932年1月に起きた「春秋園事件」で相撲協会を脱退。天竜らとともに関西相撲協会を結成。1938年巡業先の現在の中国大連で死去。

両國梶之助 (りょうごく　かじのすけ)

最高位	関脇
賞　歴	幕内優勝 1 回
新入幕	1914 年 5 月場所
幕内戦歴	92 勝 72 敗 3 分預 34 休 (20 場所)
得意技	やぐら投げ、内掛け、掛け投げ
愛　称	一

　小柄ながら、色白で筋肉質な体格、端正な容貌などで人気があり、やぐら投げなどの大技を得意とした。稽古場では、横綱の大錦卯一郎も勝てないほどの実力があった。

　新入幕の 1914 年 5 月場所、前頭 14 枚目で 9 勝 1 休でいきなり優勝。翌場所に関脇に昇進した。8 歳年上の作家、田村俊子とのロマンスでも有名。

太刀光電右工門

(たちひかり　てんえもん)

最高位	大関
賞　歴	一
新入幕	1921 年 1 月場所
幕内戦歴	67 勝 26 敗 8 分預 69 休 (16 場所)
得意技	突っ張り、押し、足技
愛　称	相撲の盆栽

　大横綱太刀山の内弟子として入門し、初の北海道出身大関として知られる。四つに組んでも、突っ張ってもよく、特に左からのおっつけは名人芸といわれた。

　1923 年 1 月場所、関脇で 7 勝 1 敗 1 分 1 休の好成績を挙げ、翌 5 月場所で大関に昇進。1926 年 5 月場所で出羽ヶ嶽との対戦で足を痛め、以後、再起できず 30 歳で引退。

印象に残った力士

能代潟錦作 <small>（のしろがた きんさく）</small>

能代潟

最高位	大関
賞 歴	幕内優勝1回
新入幕	1921年5月場所
幕内戦歴	230勝171敗10分預43休 （43場所）
得意技	左四つ、寄り切り
愛 称	今様実盛、にぎりや

　正統派の四つ相撲で力強く腰も重いところから、横綱大関とも互角に取った。
　大関6場所目の1928年3月場所、優勝争いを演じた横綱常ノ花を8日目の直接対決で下して10戦1分で優勝。しかし成績にムラがあり、勝ち越しと負け越しを繰り返して大関から2度陥落。それでも土俵に上がり41歳まで取り続けた。

出羽ヶ嶽文治郎 <small>（でわがたけ ぶんじろう）</small>

出羽ヶ嶽

最高位	関脇
賞 歴	一
新入幕	1925年1月場所
幕内戦歴	150勝138敗53休（31場所）
得意技	右四つ、小手投げ、さば折り
愛 称	文ちゃん

　相撲界初の身長2メートル、体重200キロの両方を超えた力士で「文ちゃん」の愛称で人気を独占した。3代目横綱西ノ海や大関ら上位陣をバッタバッタと倒し、将来は横綱と期待されたが相手も作戦を考え、足腰の弱さを攻められて、さらには脊髄カリエスを患ったことで三段目まで陥落。
　小鳥の飼育、カメラなど多趣味で知られた。

74

清水川元吉 <small>（しみずがわ　もときち）</small>

最 高 位	大関
賞　　歴	幕内優勝 3 回
新 入 幕	1923 年 1 月場所
幕内戦歴	193 勝 130 敗 3 分 44 休（34 場所）
得 意 技	右四つ、上手投げ
愛　　称	上手大関、次郎長、 今様幡随院長兵衛

　順調に出世し、小結に昇進するなど活躍し
たが、私行上の問題で破門され、父親が自殺
して協会への復帰を願い出て許された。
　改心した清水川は十両で連続優勝して幕内
復帰。大関まで上がり、切れ味抜群の上手投げを武器に優勝 3 回のうち全勝 2 回を記録した。
鎌首をもたげたような独特の仕切りで親しまれた。

常陸岩英太郎 <small>（ひたちいわ　えいたろう）</small>

最 高 位	大関
賞　　歴	幕内優勝 1 回
新 入 幕	1923 年 5 月場所
幕内戦歴	147 勝 74 敗 6 分 44 休（25 場所）
得 意 技	右四つ、寄り、吊り出し
愛　　称	―

　アンコ型の力士で、鋭い出足で寄る取り口
が人気で、東京出身初の優勝力士でもある。
その優勝した 1928 年 1 月場所は、幕尻から
2 枚目の三杉磯と同じ 10 勝 1 敗だったが、当
時の規則で上位の常陸岩が優勝ということに
なったが、常陸岩の 10 勝の中に制度ができたばかりの不戦勝があり、大もめにもめた優勝
でもあった。

第32代横綱

玉錦 三右衛門

たまにしき さんえもん

右四つ

會援後師玉

76

双葉山に追い抜かれるまで
一時代を築いた名横綱

本 名	西ノ内弥寿喜	
生 年 月 日	1903年12月15日 - 1938年12月4日 (34歳)(現役中に死去)	
出 身 地	高知県高知市農人町	
四 股 名	玉錦	
愛 称	ボロ錦、ケンカ玉、ゴロ玉、常勝将軍、土佐犬	
身 長 ・ 体 重	173㎝ /135kg	
得 意 技	右四つ、寄り、吊り	
所 属 部 屋	二所ノ関→粂川→二所ノ関	
初 土 俵	1919 年 1 月場所	
最 終 場 所	1938 年 5 月場所	
横 綱 昇 進	1933 年 1 月場所	
横綱土俵入り	雲龍型	
年 寄 名	二所ノ関 (二枚鑑札：現役力士のまま年寄名を襲名)	
連 勝	27 連勝	
幕 内 成 績	308 勝 92 敗 3 分 17 休 (幕内在位 38 場所)	
勝 率	0.770	

幕内優勝回数
9回

太刀山を背負って米 1 俵

　力士としてデビューする前、巡業中に当時の大横綱太刀山が「ワシを背負って土俵を一周したら米 1 俵やるぞ」と言ったのを聞きつけて挑戦した。140 キロ近くある太刀山を背負い、最初はあと少しのところまでいったが失敗。再挑戦で成功し、米 1 俵を見事せしめた。この頑張りに太刀山も感心したといわれている。

双葉山登場前に一時代を築く

　生来の負けん気で猛稽古と喧嘩に明け暮れ、いつも膏薬や包帯だらけで「ボロ錦」「ケンカ玉」と言われた。右差し一気の寄りを得意とし、宮城山引退後、空白になっていた横綱の座を射止めた。
　優勝 9 回、2 度の 3 連覇、27 連勝など双葉山に追い抜かれるまで第一人者として活躍。虫垂炎のため現役横綱のまま急逝した。

下手投げ

第33代横綱
武蔵山 武

むさしやま たけし

スピード出世もケガに泣いた
悲劇の横綱

本　　　名	横山武	
生 年 月 日	1909 年 12 月 5 日 - 1969 年 3 月 15 日 (59 歳)	
出 身 地	神奈川県横浜市港北区日吉本町	
四 股 名	武蔵山	
愛　　　称	飛行機、悲劇の横綱	
身 長 ・ 体 重	185cm /116kg	
得 意 技	右四つ、寄り、下手投げ	
所 属 部 屋	出羽海	
初 土 俵	1926 年 1 月場所	
最 終 場 所	1939 年 5 月場所	
横 綱 昇 進	1936 年 1 月場所	
横綱土俵入り	雲龍型	
年 寄 名	出来山→不知火 (1945 年 11 月限り廃業)	
連　　　勝	13 連勝	
幕 内 成 績	174 勝 69 敗 2 分 71 休 (幕内在位 28 場所)	
勝　　　率	0.716	

幕内優勝回数 1 回

スピード出世

　筋肉質と顔立ちで人気があった。右腕の力が強く、得意の右下手投げを武器に、新十両、新入幕、新三役と「飛行機」の異名を取るほどのスピード出世で、当時の最年少記録で駆け上がった。

　入幕 3 年目の 1931 年夏場所、小結で優勝すると、関脇を飛び越し大関に昇進。横綱に昇進するまでは一度も負け越しがなかった。

悲劇の横綱

　1935 年夏場所後に横綱に昇進したが、それまで痛めていた右ひじがさらに悪化し、昇進前のような強い相撲が取れず、横綱在位 8 場所中、皆勤場所がわずか 1 場所で、その場所も千秋楽にやっと勝ち越すというものだった。

　幕内通算勝率が 7 割を超えるのに対し、横綱での勝率は 5 割という成績で「悲劇の横綱」と言われた。

第34代横綱

男女ノ川 登三

みなのがわ
とうぞう

小手投げ

男女ノ川後援會

「動く仁王」 と呼ばれた巨人横綱

本　　　　名	坂田供次郎
生 年 月 日	1903 年 9 月 17 日 - 1971 年 1 月 20 日 (67歳)
出 身 地	茨城県つくば市磯部
四 股 名	男女ノ川→朝潮→男女ノ川
愛 称	動く仁王、昭和の雷電、三鷹の三奇人
身長・体重	191cm / 146kg
得 意 技	左四つ、割り出し、小手投げ
所 属 部 屋	高砂→佐渡ケ嶽→高砂→佐渡ケ嶽
初 土 俵	1924 年 1 月場所
最 終 場 所	1942 年 1 月場所
横 綱 昇 進	1936 年 5 月場所
横綱土俵入り	雲龍型
年 寄 名	男女ノ川 (1945 年 6 月限り廃業)
連 勝	16 連勝
幕 内 成 績	247 勝 136 敗 1 分 33 休 (幕内在位 35 場所)
勝 率	0.645

幕内優勝回数 2回

🔌 動く仁王

　190 センチを超える巨人で怪力を生かした相撲から「動く仁王」と呼ばれた。しかし、勝負にムラがあり、豪快に勝つかと思うと足腰の弱さからあっさり負けることもあり、1938 年夏場所では武蔵山と双方横綱でありながらも 6 勝 6 敗同士で勝ち越しと負け越しを掛けた一番で敗れ、横綱皆勤負け越しを喫した。

🚗 引退後は職を転々

　現役時代から変わった言動で知られ、引退後は一代年寄男女ノ川となるも 1945 年 6 月に角界を去り、ジョン・ウェイン主演の「タウンゼント・ハリス物語」(邦題「黒船」) に「大男」役でハリウッドデビューしたり、衆議院選に出馬したり (落選)、私立探偵、保険の外交員、料理店の案内係など、職を転々として話題になった。

前人未到の大記録、
69連勝で知られる昭和の大横綱

本　　　　名	穐吉定次	
生 年 月 日	1912年2月9日 - 1968年12月16日(56歳)	
出 身 地	大分県宇佐市下庄	
四 股 名	双葉山	
愛　　　　称	うっちゃり双葉、不世出の横綱、相撲の神様	
身 長・体 重	179cm /128kg	
得 意 技	右四つ、寄り、上手投げ、うっちゃり	
所 属 部 屋	立浪→双葉山道場	
初 土 俵	1927年3月場所	
最 終 場 所	1945年11月場所	
横 綱 昇 進	1938年1月場所	
横綱土俵入り	雲龍型	
年 寄 名	双葉山（二枚鑑札）→時津風	
連　　　　勝	69連勝	
幕 内 成 績	276勝68敗1分33休 (幕内在位31場所)	
勝　　　　率	0.802	

幕内優勝回数 12回

苦難の幼少期

　小学校時代は成績が優秀で足も速く、泳ぎも得意なスポーツ少年だった。この頃から体は大きかったが意外にも相撲が苦手だった。

　5歳の頃、友達の吹き矢が右目に刺さって失明。10歳で母を亡くし、11歳のとき父親の家業（海運業）を手伝っていて、小指の一部をウィンチに巻き込みつぶしてしまうなど幼少期は苦難の連続だった。

69連勝

　69連勝の始まりは、1936年春場所7日目から。当時の大相撲は年2場所制で、1939年春場所で安藝ノ海に負けるまで、ほぼ丸3年勝ち続けた。勝ちはじめは東前頭3枚目だったが、この間の連勝で出世を重ね、1937年横綱に昇進。70連勝をかけた大一番に敗れたとき、師と仰ぐ安岡正篤に打電したのが有名な「われ未だ木鶏たりえず※」。

※木彫りの鶏のような何にも動じない強さはない。

上手投げ

第36代横綱
羽黒山 政司
はぐろやま まさじ

太刀山以来の不知火型土俵入りを披露、横綱在位12年

本　　　　名	小林正治
生　年　月　日	1914年11月18日 - 1969年10月14日 (54歳)
出　身　地	新潟県新潟市西蒲区羽黒
四　股　名	羽黒山
愛　　　称	ジャングイ
身長・体重	179cm /129kg
得　意　技	左四つ、吊り、寄り、上手投げ
所　属　部　屋	立浪
初　土　俵	1934年1月場所
最　終　場　所	1953年9月場所
横　綱　昇　進	1942年1月場所
横綱土俵入り	不知火型
年　寄　名	羽黒山 (二枚鑑札) →立浪
連　　　勝	32連勝
幕　内　成　績	321勝94敗1分117休 (幕内在位39場所)
勝　　　率	0.773

幕内優勝回数 7回

双葉山の陰に隠れた名横綱！

序の口から入幕まで各段すべてに優勝し、各1場所で突破。スピード出世で幕内に上がり、1941年夏場所で初優勝。場所後、横綱に昇進。毎回のように優勝争いに絡んだが、ちょうど双葉山の円熟期と重なり何度も優勝を逃した。戦後に双葉山が引退すると、4連覇、32連勝など、名実ともに第一人者として活躍した。

不知火型は在位が短い？

アキレスけん断裂後の1952年春場所、満37歳で復活の全勝優勝。その後はさすがに衰え、1953年秋場所、38歳9か月で引退。横綱在位12年という大記録をつくった羽黒山は不知火型の土俵入りで知られ、その後不知火型の横綱は吉葉山、玉の海、琴櫻、隆の里、旭富士、若乃花（第66代）と、白鵬が登場するまで横綱在位が短い横綱となっている。

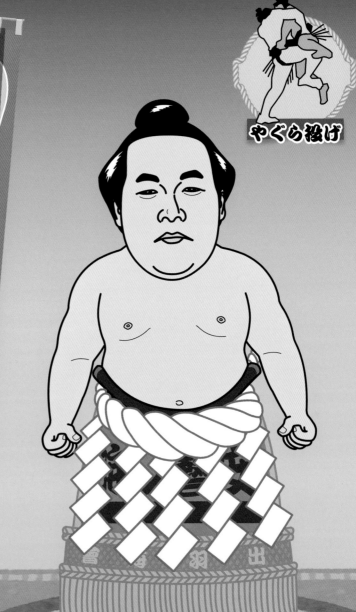

安藝ノ海節男

あきのうみ
せつお

やぐら投げ

初顔合わせで双葉山の70連勝を阻止、一躍英雄に

本　　　　名	永田節男 （たかお）
生 年 月 日	1914年5月30日 - 1979年3月25日 （64歳）
出 身 地	広島市南区宇品海岸
四 股 名	安藝ノ海
愛　　　称	一番相撲の名人
身 長 ・ 体 重	177cm / 127kg
得 意 技	左四つ、寄り、やぐら投げ
所 属 部 屋	出羽ノ海
初 土 俵	1932年2月場所
最 終 場 所	1946年11月場所
横 綱 昇 進	1943年1月場所
横綱土俵入り	雲龍型
年 寄 名	不知火→藤島 （1955年1月限り廃業）
連　　　勝	20連勝
幕 内 成 績	142勝59敗38休 （幕内在位18場所）
勝　　　率	0.706

幕内優勝回数 1回

🏮双葉山の連勝をストップ

　安藝ノ海といえば双葉山の70連勝を阻止したことで知られる。

　1939年春場所4日目。69連勝中の双葉山とは初顔合わせ。双葉山が右から強引に掬ってくるところを左外掛けで土をつけた一番は号外が出る（真偽は未確認）ほどの騒ぎになり、一躍英雄になった。ちなみにこの場所、双葉山に勝利した後は4連敗して、負け越している。

🐂双葉山のおかげで横綱に

　双葉山に勝ったほどの力士がみっともない相撲は取れないと稽古に励み、1940年夏場所、関脇で初優勝を飾り、場所後大関に昇進。1942年夏場所後には照國と同時に横綱に昇進。「横綱になれたのは双葉山関の連勝記録を止めた一番のおかげです」と語った。双葉山には、その後9連敗（不戦敗1含む）で2度と勝てなかった。

第38代横綱

照國万蔵

てるくにまんぞう

な四つ

森永製菓株式會社

当時の史上最年少横綱。
色白の肌とリズミカルな動きで「桜色の音楽」といわれた

本　　　　　名	菅→大野萬蔵
生　年　月　日	1919年1月10日 - 1977年3月20日(58歳)
出　　身　　地	秋田県湯沢市秋ノ宮
四　　股　　名	照國万藏→照國萬藏→照國万藏
愛　　　　　称	桜色の音楽、薔薇色の交響詩
身　長・体　重	174cm / 161kg
得　　意　　技	左四つ、寄り、吊り
所　属　部　屋	伊勢ケ濱
初　　土　　俵	1935年1月場所
最　終　場　所	1953年1月場所
横　綱　昇　進	1943年1月場所
横綱土俵入り	雲龍型
年　寄　名	荒磯→伊勢ケ濱
連　　　　　勝	17連勝
幕　内　成　績	271勝91敗74休 (幕内在位32場所)
勝　　　　　率	0.749

幕内優勝回数 2回

🍶桜色の音楽

　童顔で色白のアンコ型、博多人形のような体型はいかにもお相撲さんのイメージで、相撲の取り口のリズミカルな動きから「桜色の音楽」と言われ、少年少女を中心に人気を集めた。十両、幕内、大関と、当時の最年少記録を次々と塗り替えるほど出世が速かった。1942年5月場所後に23歳6か月で横綱に昇進した。

🏯連続優勝で汚名返上

　双葉山の全盛時代で、優勝経験のないまま横綱に昇進した照國だが、肩やヒザの故障や腰の疾患、糖尿病も加わって「優勝のない横綱」と言われた。しかし、1950年9月、1951年1月場所で連続優勝を果たし、汚名を返上することができた。1953年鏡里が横綱に昇進、番付上バランスの悪い5横綱になることを避けて引退した。

幡瀬川邦七郎

（はたせがわ　くにしちろう）

最高位	関脇
賞　　歴	一
新入幕	1928 年 3 月場所
幕内戦歴	174 勝 201 敗 11 休（34 場所）
得意技	右四つ、小股掬い
愛　　称	相撲の神様

　体重がわずか 80 キロ台の小さな体で、突っ張っていなしたり、出し投げ、小股掬いなど、多彩な技でファンを魅了して「相撲の神様」と呼ばれた。

　関脇 5 場所、小結 4 場所を務め上位力士を苦しめた。大関の大ノ里戦では通算 6 勝 3 敗と勝ち越しているが、横綱の玉錦には 1 度も勝てなかった。

鏡岩善四郎

（かがみいわ　ぜんしろう）

最高位	大関
賞　　歴	一
新入幕	1928 年 3 月場所
幕内戦歴	174 勝 153 敗 4 休（29 場所）
得意技	右四つ、寄り切り、二丁投げ
愛　　称	猛牛、角界の菊池寛

　体つきや風貌から「猛牛」というニックネームで呼ばれ、大関時代には鼻の下にちょび髭を生やして土俵に上がったことがあり、その時の風貌から「角界の菊池寛」と呼ばれた。
1936 年夏場所、9 勝 2 敗の成績で、全勝優勝した双葉山と場所後そろって大関に昇進した。勢いに乗ると強いが成績にムラがあった。

天竜三郎 （てんりゅう さぶろう）

最 高 位	関脇
賞 歴	一
新 入 幕	1928 年 5 月場所
幕内戦歴	98 勝 44 敗 1 分 11 休（14 場所）
得 意 技	右四つ、吊り出し
愛 称	角界の風雲児

　相撲史に残る「春秋園事件」の主導者として知られる。1932 年 1 月、大ノ里ら大勢の力士と相撲改革を要求して、東京・大井町の中華料理屋「春秋園」に籠城して脱退。関西角力協会を興したが、1937 年解散し引退。終戦後は餃子料理店「銀座天龍」を開業。のちに大相撲中継で解説者を務め、毒舌ぶりも話題になった。

沖ツ海福雄 （おきつうみ ふくお）

最 高 位	関脇
賞 歴	一
新 入 幕	1931 年 1 月場所
賞 歴	幕内優勝 1 回
幕内戦歴	64 勝 39 敗 3 分（10 場所）
得 意 技	左四つ、下手投げ
愛 称	一

　左四つからの豪快な下手投げを武器に活躍。1932 年 3 月場所小結で 9 勝 1 敗の成績で優勝。5 月場所から 4 場所連続関脇を務め、大関が目前だったが、1933 年秋に巡業先の山口県萩市でフグ中毒のため 23 歳の若さで死去。もし、生きていたら双葉山の 69 連勝はなかったのではないかとも言われている。

印象に残った力士

三根山隆司

（みつねやま　たかし）

最高位　**大関**

賞　　歴　**幕内優勝1回　殊勲賞5回**
　　　　　敢闘賞2回

新入幕　**1944年1月場所**

幕内戦歴　**407勝354敗35休（56場所）**

得意技　**左四つ、寄り切り**

愛　　称　**総合病院**

　早くから大関候補と期待されたが、戦後の栄養失調、扁桃腺炎、足の骨折、カッケ、糖尿病、肝臓病など病気や怪我につねに悩まされ、20種類近く抱えていたことから「総合病院」と言われた。入幕から10年近く経った1953年5月場所後に念願の大関に昇進。1954年3月場所12勝3敗の成績で初優勝を果たした。

佐賀ノ花勝巳

（さがのはな　かつみ）

最高位　**大関**

賞　　歴　**幕内優勝1回**

新入幕　**1939年5月場所**

幕内戦歴　**200勝160敗1分30休（29場所）**

得意技　**右四つ、寄り切り**

愛　　称　**飛燕の出足**

　玉錦を慕って入門、師匠譲りの勝負度胸と立ち会いのうまさ、鋭い出足で寄り切ることから「サッと寄り切る佐賀ノ花」と呼ばれていた。

　1944年1月場所小結で13勝2敗の成績を挙げ初優勝。翌場所も好成績を挙げて場所後に大関に昇進。引退後、二所ノ関を継いで大鵬を育てたことは有名。

五ツ嶋奈良男 (いつつしま　ならお)

最 高 位　大関
賞　　歴　一
新 入 幕　1936 年 5 月場所
幕内戦歴　86 勝 58 敗 20 休（12 場所）
得 意 技　左四つ、下手ひねり、巻き落とし
愛　　称　稽古場横綱

　稽古場では強かったが、本場所で生かされなかったことから「稽古場横綱」と呼ばれた。相手を高く吊り上げたり、ねじるような巻き落としをするほど強い相撲を取るときもあり、1940 年 1 月場所と 5 月場所では双葉山を連続して破っている。

　大関に昇進後、足の故障でわずか 2 場所で陥落、引退した。

名寄岩静男 (なよろいわ　しずお)

最 高 位　大関
賞　　歴　敢闘賞 2 回
新 入 幕　1937 年 1 月場所
幕内戦歴　292 勝 279 敗 33 休（44 場所）
得 意 技　左四つ、吊り出し、掬い投げ
愛　　称　怒り金時、病気の問屋

　上手がとれないと、相手の肉をつかんで吊り上げる力まかせの強引な取り口で「怒り金時」の異名を取った。

　1943 年 1 月場所で大関に昇進したが、そのころから関節炎、カッケ、腎臓病、糖尿病など十指に余る病気を次々に患い、幕じり近くまで後退。ボロボロになった体で関脇まで復帰、40 歳まで幕内をつとめた。

増位山大志郎

（ますいやま　だいしろう）

最 高 位	大関
賞　　歴	幕内優勝2回　殊勲賞1回 技能賞1回
新 入 幕	1941年1月場所
幕内戦歴	138勝95敗23休（20場所）
得 意 技	突っ張り、押し、左四つ、内掛け
愛　　称	―

　小兵だが、猛稽古で鍛えた体で、手首とヒジのバネを利かした突っ張り、左四つからの寄り、投げ、足技など、相撲が早くてうまかった。

　関脇で迎えた1948年10月場所10勝1敗で東富士との優勝決定戦を制して初優勝、場所後大関に昇進。1949年5月場所では13勝2敗で2度目の優勝を果たした。

汐ノ海運右エ門 （しおのうみ　うんえもん）

最 高 位	―
賞　　歴	―
新 入 幕	1943年1月場所
幕内戦歴	125勝115敗16休（20場所）
得 意 技	突っ張り、押し出し、右四つ、 寄り切り
愛　　称	赤鬼

　赤銅色に輝く肌に筋肉質の体つきで「赤鬼」の異名を取った。出羽海部屋の同僚だった駿河海が「青鬼」と呼ばれ、両者ともに人気だった。

　上突っ張りと強烈なハズ押しを得意とし、1944年1月場所で双葉山をハズ押しで倒して金星を獲得。1947年6月場所に大関昇進。一度陥落するも、すぐに復帰したが大関在位はわずか9場所だった。

高登弘光 （たかのぼり　ひろみつ）

最 高 位	関脇
賞 歴	一
新 入 幕	1931 年 5 月場所
幕内戦歴	106 勝 94 敗 28 休（20 場所）
得 意 技	右四つ、寄り切り
愛 称	信州雷電の再来

　身長 185 センチと、当時としては大型で長
野県出身であることから「信州雷電の再来」
といわれた。1933 年 5 月場所、横綱玉錦と
優勝争いを演じて 9 勝 2 敗。大関目前まで迫っ
たが、昇進のかかる翌場所目前で胃潰瘍にか
かり無念の休場。その後も右ヒザを痛めて大関の夢は断たれてしまった。引退後は相撲解説
者で人気に。

玉ノ海梅吉 （たまのうみ　うめきち）

最 高 位	関脇
賞 歴	一
新 入 幕	1935 年 1 月場所
幕内戦歴	141 勝 101 敗 1 分 51 休（23 場所）
得 意 技	突っ張り、右四つ、下手ひねり
愛 称	一

　右腕の怪力が有名で、右で前ミツをつかん
だら絶対に切れないといわれた。大関昇進が
期待されたが、年寄・二所ノ関を二枚鑑札で
襲名していた玉錦が急死したため、26 歳の若
さで急遽、継承。多忙を極め、関脇止まりに
終わった。1939 年春場所双葉山に勝ち、玉錦の霊前に報告したことが話題になった。引退後、
相撲解説者で人気に。

豆知識【大相撲の言葉】

横綱

相撲の力士の番付として最高位の者をいう。江戸時代中期、将軍の上覧相撲を機に、当時の最高位だった大関から特に強さと品格を兼ね備えた力士に「横綱」という称号を与え、免許を授与。「土俵入り」を行うようになった。

「日下開山」(ひのしたかいざん)

天下無双の強者、また優れた者のことをいう。武芸者や芸能者にも用いられるが、現在では相撲の横綱をさす。元々は仏教用語で、日下は天下、開山は寺の開祖のこと。宗教の権威者を意味した。

吉田司家(よしだつかさけ)

相撲行司の家元。初代吉田追風(おいかぜ)は、鎌倉時代の相撲行司で代々この名を号した。江戸時代、熊本・細川家の家臣であった19代吉田追風が、力士・行司を全国的に支配し、相撲作法を厳守させ、「横綱」を考案してその免許を与えた。横綱による土俵入りも同時に考案された。

横綱の土俵入り

麻で編んだ注連縄(しめなわ)を化粧まわしの上に結んだ形のものをつけて、四股踏みの儀式を行うのが、横綱土俵入りの原型となった。寺社の建立に際して行われる地鎮祭での地固めの儀式を模したといわれる。

大坂相撲 *

近世大坂では、神社での奉納相撲や、新地開発のための勧進相撲が盛んになり、18世紀初めに勧進相撲が許可されて以降、相撲興行が行われるようになった。18世紀末には江戸相撲が盛んになり、毎年冬と春に江戸、夏前後に大坂と京都で定期的に開催されるのが恒例となった。

(江戸時代は大坂、明治以降は大阪と表記)

東西合併

大坂相撲では明治に入り、力士の契約条件をめぐる紛争や力士の脱退が相次いだ。大正になるとさらに東京相撲との実力の差が開いていたこともあり、1947年までに大阪相撲協会は東京相撲協会に吸収される形で合併した。

日本相撲協会

大阪相撲と東京相撲の合併によって財団法人日本相撲協会（当時）が設立された。

横綱審議会

日本相撲協会の諮問機関。横綱の推薦や横綱に関する案件について、協会に答申したり、進言したりする。略称は横審。委員の定員は15人以内で、任期は2年、最長5期まで。本場所の千秋楽の翌日に定例会を開催。横綱推薦の諮問に際しては定例会で審議する。推薦の内規は大関で2場所連続優勝が原則で、それに準ずる成績の力士を推薦する場合は、出席委員の3分の2以上の賛成が必要。

預り・無勝負（預・無）

江戸時代から戦前までの勝敗にあった判定。勝負の判定が微妙な取組の場合、勝負結果を行司か審判委員が「預かり置く」ことが預り。行司が「ただいまの勝負、無勝負」と勝敗の裁定をなしにするのが「無勝負」。

二枚鑑札

力士が現役のまま年寄の名跡を襲名することをいう。行司の場合も当てはまる。

上段幕内

番付の上段に書かれた力士を幕内力士という。

若物頭(わかいものがしら)

場所中の取組に際して進行の補助をしたり、所属部屋の幕下以下の力士の指導・監督にあたる。引退した力士で幕下以上の経験がないとなれない。

（日本大百科全書、大阪府立図書館資料、日本相撲協会ホームページなどより）

昭和戦後期から現代までの横綱

前田山英五郎
東富士謹一
千代の山雅信
鏡里喜代治
吉葉山潤之輔
栃錦清隆
若乃花幹士（初代）
朝潮太郎
柏戸剛
大鵬幸喜
栃ノ海晃嘉
佐田の山晋松
玉の海正洋
北の富士勝昭
琴櫻傑将
輪島大士
北の湖敏満

若乃花幹士（2代目）
三重ノ海剛司
千代の富士貢
隆の里俊英
双羽黒光司
北勝海信芳
大乃国康
旭富士正也
曙太郎
貴乃花光司
若乃花勝
武蔵丸光洋
朝青龍明徳
白鵬翔
日馬富士公平
鶴竜力三郎
稀勢の里寛

番付の読み方・楽しみ方

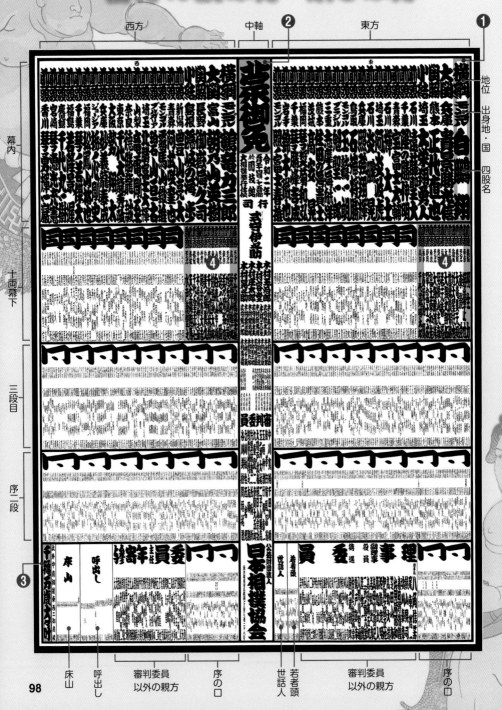

❶

❷

❹ ❹

❸

【番付表とは？】

大相撲の番付（正しくは番付表）はもともと相撲興行の宣伝のために作られた立て札だったが、現在は印刷され複製・配布されている。新聞やテレビなどで見る「番付表」は、東方が左、西方が右となっているが、本物はその逆で、東方が右、西方が左である。

番付表を見てもらいたい。上から地位の高い順に最上段が幕内（前頭）、以下番付順に2段目が十両と幕下、3段目が三段目、4段目が序二段となり、一番下には序の口のほか、審判委員以外の親方（年寄）、さらには若者頭、世話人、（十両以上の）呼出しと（最上格の特等）床山など裏方さんの名も掲載されている。

力士については、四股名のほかに出身都道府県名（外国人力士は国名）も書かれている。四股名を改名した場合は、旧名を「○○改」として新しい四股名の上に書き添える。

【番付表に何が書かれてる？】

番付は一般に、地位が同等の場合は、西方よりも東方が上位とされている。また、幕内以下序の口までのように、同じ地位の力士が複数いる場合、番付では東方、西方とも枚数順に上位の力士を右側から書く。したがって、番付最上位の東の横綱は一番右上に書かれている❶。

東方と西方の間（中軸）には開催場所の期間や会場、行司、審判委員（土俵下で勝負を判断する）の名などが書かれ、さらに最上部には「蒙御免」❷と大書されている。これは、江戸時代に勧進相撲の興行権を幕府の寺社奉行から得たことの名残と言われる。番付全体の左下には、大入りと興行の無事を祈って「千穐万歳大々叶」❸と書かれている。

【十両と幕下はどうちがう？】

先に述べたように、2段目には十両と幕下の力士が、文字の大きさなどを区別して書かれている。これは、かつて幕下のうちとくに上位10枚目（10人目）までを、一人前の力士の証である前頭以上の関取と同等に扱うとしたことに由来する。❹そのため、十両の力士の文字は幕内の力士の大きさや太さに近づけてあり、地位の名称も十両ではなく、幕内の平幕を意味する「前頭」と書かれている。

その左側から始まる幕下以下の地位は明記されず、大きく「同」とだけ表記されている。ということは、前頭は本来、幕下以下もふくめた名称だったのである。なお、日本相撲協会では十両という地位は通称で、正式名は「十枚目」としている。ただし、現在の十両の枚数は10枚を超えて14枚までである。

【番付表を書いているのは？】

文字は、上の地位ほど大きく、太く書かれる。最下位の序ノ口力士は虫眼鏡がないと読めないくらいの細い字となってしまう。

原版（元書き）の作成は、書の道に長けた行司が手書きで行う。どの地位から書くかは歴代の書き手によって異なるが、同じ段の中では手でこすらないよう左側から書き始めるとのこと。戦後7人目となる現在の書き手は三役格の（3代目）木村容堂で、助手は幕内格の木村要之助と十両格の木村勘九郎である。書き手をたどっていくと（担当時ではなく定年時の名で）、36代木村庄之助→30代木村庄之助→6代木村庄二郎→10代式守与太夫とさかのぼっていける。書き手によって微妙に文字の雰囲気が異なるので、比べてみるのも一興だろう。

【番付表を手に入れよう！】

番付表は1枚50円で、元書きを元に販売用として1場所で45万〜60万枚程度は刷るということだから、決して入手困難というわけではなさそうだ。

本場所が終了した週の水曜日に番付編成会議が開かれ、そこで決定した内容を元に作成に取りかかる。翌場所の番付発表の日（原則として初日の2週間前の月曜日）まで地位の昇降を含め一切の内容は伏されるが、幕下から十両への昇進の際は、土俵入りに使う化粧まわしの製作などの準備が必要なため、公表される。

第39代横綱

前田山 英五郎

まえだやま
えいごろう

突っ張り

休場中に野球観戦で引退した「闘将」
引退後は大相撲の国際化に貢献

本　　　　名	萩森金松
生 年 月 日	1914 年 5 月 4 日 - 1971 年 8 月 17 日 (57歳)
出　身　地	愛媛県八幡浜市保内町喜木
四　股　名	喜木山→佐田岬→前田山
愛　　　　称	闘将、稽古の鬼
身長・体重	180cm /116kg
得　意　技	突っ張り、左四つ、吊り、寄り
所　属　部　屋	高砂
初　土　俵	1929 年 1 月場所
最　終　場　所	1949 年 10 月場所
横　綱　昇　進	1947 年 11 月場所
横綱土俵入り	雲龍型
年　寄　名	高砂
連　　　　勝	13 連勝
幕　内　成　績	206 勝 104 敗 39 休 (幕内在位 27 場所)
勝　　　　率	0.665

幕内優勝回数 1 回

闘志むき出しの相撲

　19 歳で十両入りしたが、右腕骨髄炎のため三段目まで落ちた。手術に成功し、その医師に感謝の意をこめてその姓をとり前田山と名乗った。張り手を交えた闘志むき出しの突っ張りが得意で「闘将」の異名をもち、ファンを熱狂させた。戦後初の横綱だが、優勝は大関時代の 1 回だけ。引退後は高見山をスカウトして大相撲の国際化に貢献した。

野球観戦で引退！

　1949 年 10 月場所、初日白星の後、5 連敗を喫し、大腸炎を理由に休場。ところが、本場所の休場中にもかかわらず後楽園球場へ出向いて来日中のメジャー傘下の 3A に所属するサンフランシスコ・シールズと読売ジャイアンツの試合を観戦。さらにフランク・オドール監督と握手している写真が新聞に大きく報道されてしまい、責任をとる形で引退した。

寄り

第40代横綱
東冨士 謹一

あずまふじ きんいち

左を差して一気に出る
「怒濤の寄り身」で活躍した
初の東京出身横綱

本　　　　名	井上謹一	
生 年 月 日	1921年10月28日 - 1973年7月31日 <small>(51歳)</small>	
出 身 地	東京都台東区台東	
四 股 名	東冨士→東富士	
愛　　　　称	キン坊、怒濤の寄り身、江戸っ子横綱	
身 長 ・ 体 重	179cm /178kg	
得 意 技	左四つ、寄り、上手出し投げ	
所 属 部 屋	富士ケ根→高砂	
初 土 俵	1936年1月場所	
最 終 場 所	1954年9月場所	
横 綱 昇 進	1949年1月場所	
横綱土俵入り	雲龍型	
年 寄 名	錦戸 <small>(1954年12月廃業)</small>	
連　　　　勝	16連勝	
幕 内 成 績	261勝104敗1分1預54休 <small>(幕内在位31場所)</small>	
勝　　　　率	0.715	

幕内優勝回数
6回

🏵 怒濤の寄りで6年連続優勝

「江戸っ子横綱」「キン坊」の愛称で親しまれ、将来を期待され双葉山に稽古をつけてもらっていた。左を差して、巨体に波打たせての寄りは「怒濤の寄り」と評された。大関時代の1948年夏場所で初優勝。横綱に昇進した1949年初場所も優勝し以降、1953年まで毎年1回優勝している。引退後はプロレスを経て、解説者を務めた。

🐴 新弟子時代

新弟子を厳しい稽古で鍛える時、「土俵の下には欲しい物が何でも埋まっているんだ」というたとえ話がある。東富士は、それを言葉通りに受け止めて信じてしまい、夜中に鍬を持ってきて土俵を掘り起こし、土の山をつくって、兄弟子たちを驚かせたという。男女ノ川の好物だったジャガイモをこっそり食べて怒られたことも。

突っ張り

第41代横綱
千代の山 雅信
ちよのやままさのぶ

104

相撲協会が独自に推挙した最初の横綱

本　　　名	杉村昌治
生 年 月 日	1926年6月2日 - 1977年10月29日 (51歳)
出 身 地	北海道松前郡福島町
四 股 名	杉村→千代ノ山→千代の山
愛 称	青年横綱、鉄骨のやぐら、仁王
身 長・体 重	190cm / 122kg
得 意 技	突っ張り、右四つ、上手投げ
所 属 部 屋	出羽海
初 土 俵	1942年1月場所
最 終 場 所	1959年1月場所
横 綱 昇 進	1951年9月場所
横綱土俵入り	雲龍型
年 寄 名	千代の山→九重
連 勝	16連勝
幕 内 成 績	366勝149敗2分147休 (幕内在位46場所)
勝 率	0.711

幕内優勝回数 6回

横綱返上を申し出る

　長身の体から繰り出す破壊力抜群の突っ張りは、太刀山の再来といわれた。新入幕で10戦全勝。1951年5月場所、3度目の優勝で横綱に昇進。1953年成績不振の理由で、「大関の地位からやり直しさせて欲しい」と異例の横綱返上を申し出て騒ぎになった。1955年1月場所、3月場所で連続優勝。1957年1月場所では全勝優勝。

九重部屋

　引退後の1967年、出羽海相続争いに敗れ、後継の可能性がなくなった後、分家を認めないしきたりの出羽海部屋から独立して、大関北の富士ら10人の力士を連れて九重部屋を興した。出羽一門を破門されて高砂一門に入った九重部屋は、初めての場所、1967年春場所で、北の富士が幕内、松前山が十両で優勝した。

上手投げ

第42代横綱
鏡里喜代治

（かがみさと　きよじ）

正統派の四つ相撲で
4度の優勝を飾る

本　　　　名	奥山喜代治
生 年 月 日	1923年4月30日 - 2004年2月29日 (80歳)
出 身 地	青森県三戸郡三戸町斗内
四 股 名	鏡里
愛　　　　称	ダルマさん
身長・体重	174cm / 161kg
得 意 技	右四つ、寄り、上手投げ
所 属 部 屋	粂川→双葉山道場→時津風
初 土 俵	1941年1月場所
最 終 場 所	1958年1月場所
横 綱 昇 進	1953年3月場所
横綱土俵入り	雲龍型
年 寄 名	鏡里→粂川→立田川→時津風→立田川→二十山 (1988年4月)
連　　　　勝	17連勝
幕 内 成 績	360勝163敗28休 (幕内在位38場所)
勝　　　　率	0.688

幕内優勝回数 4回

🏮 4回の優勝はすべて14勝1敗

右四つの寄り、投げを得意とし、みごとな太鼓腹を誇り、双葉山の手で横綱に育てられた。1953年初優勝で横綱に昇進。昇進後はなかなか優勝できなかったが、1955年9月場所、翌1956年初場所で連覇。同年、9月場所も優勝。4回の優勝はすべて14勝1敗の成績。生まれたときの体重が8000gもあったという逸話も。

🐗 公約どおり引退

1958年初場所、中日を終えて5勝3敗と不振だった鏡里は、マスコミに「横綱の責任を果たせなければ辞める」と答えた。記者から、責任とは？聞き返され、「10番勝てなければ引退する」と発言。結果は9勝6敗で終え、まだまだ取れるとの声が多かったが、公約通り場所終了後にあっさり引退を表明した。

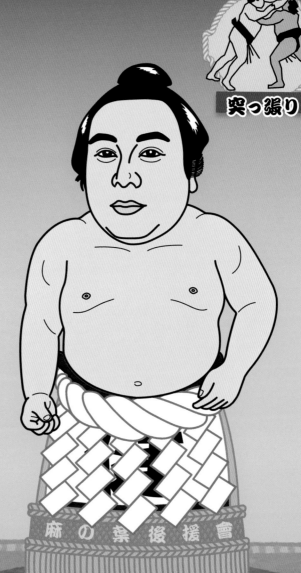

第43代横綱

吉葉山潤之輔

よしばやま
じゅんのすけ

突っ張り

麻の葉援援會

雪中の夜の優勝パレードが
ファンに強い印象を残した

本　　　　名	池田潤之輔
生 年 月 日	1920年4月3日 - 1977年11月26日 (57歳)
出 身 地	北海道石狩市厚田区安瀬
四 股 名	北糖山→吉葉山
愛　　　　称	胃袋
身 長 ・ 体 重	179cm /143kg
得 意 技	突っ張り、喉輪押し、左四つ、寄り、上手捻り
所 属 部 屋	高島
初 土 俵	1938年5月場所
最 終 場 所	1958年1月場所
横 綱 昇 進	1954年3月場所
横綱土俵入り	不知火型
年 寄 名	吉葉山→宮城野
連　　　　勝	15連勝
幕 内 成 績	304勝151敗1預85休 (幕内在位37場所)
勝　　　　率	0.668

幕内優勝回数 1回

👤 人違いから相撲の世界へ

　高等小学校を卒業後に北海道製糖に就職したが会社をやめ、何か技術を習得しようと単身で上京。夜行列車で上野駅に到着すると、なぜか2人の若い力士が迎えに来ていて、理由もわからず高島部屋に連れて行かれた。人違いだったことが判明したが、高島の妻に熱心に説得され、そのまま入門することになった。

🚗 雪中の優勝パレード

　1954年初場所、念願の初優勝を全勝で飾った。優勝パレードが行われた初場所千秋楽の東京は大雪の中、黒い紋付羽織袴の吉葉山が優勝パレードを行う姿はファンに強い印象を残した。この優勝で横綱に昇進したが、両足首のけがなどで、横綱での優勝はなく、雪中のパレードの1回だけに終わった。

力道山光浩 <small>(りきどうざん　みつひろ)</small>

最高位	関脇
賞　歴	殊勲賞1回
新入幕	1946年11月場所
幕内戦歴	75勝54敗15休（11場所）
得意技	突っ張り、右四つ、上手投げ、 吊り出し
愛　称	―

　荒削りな取り口ながら、張り手を交えた突っ張り、上手投げが得意。その張り手で脳しんとうを起こす力士が絶えなかった。

　1947年夏場所、前頭8枚目で9勝1敗の成績を挙げ、羽黒山、前田山、東富士と初の優勝決定戦に出場（優勝は羽黒山）。

　1950年秋場所番付の日、自らちょんまげを切って廃業。プロレスで一時代を築いた。

神風正一 <small>(かみかぜ　しょういち)</small>

最高位	関脇
賞　歴	技能賞1回
新入幕	1942年1月場所
幕内戦歴	121勝101敗1分18休（19場所）
得意技	左四つ、上手投げ、外掛け
愛　称	―

　100キロに届かない細身の体で、キビキビとした動きから豪快な上手投げや足技を得意とし、関脇4場所、小結5場所を務めた。1950年夏場所、番付を不満として28歳の若さで引退。年寄片男波となるもすぐに廃業。その後、NHKの大相撲中継の解説者として玉ノ海梅吉とともに活躍。独特の語り口で好評を博した。

大内山平吉 （おおうちやま　へいきち）

最高位	大関
賞　歴	殊勲賞1回
新入幕	1949年1月場所
幕内戦歴	304勝256敗53休（41場所）
得意技	右四つ、割り出し、小手投げ
愛　称	スコップ

　2メートル3センチの巨人力士。長身の割に足腰が強く、右四つの寄り、割り出し、豪快な小手投げを得意とした。アゴが伸びる奇病の手術で一時は幕尻へ落ちた。

　1955年春場所、千代の山との優勝決定戦に敗れたが場所後に大関昇進。並外れた巨人力士は大関になれないというジンクスを破った。

時津山仁一 （ときつやま　じんいち）

最高位	関脇
賞　歴	幕内優勝1回　殊勲賞3回
	敢闘賞4回
新入幕	1949年5月場所
幕内戦歴	359勝336敗40休（49場所）
得意技	左四つ、吊り出し、矢柄投げ
愛　称	戦後最強の関脇、
	北向きの仁ちゃん

　左四つからの吊り、寄り、右上手から右後ろ上方へ振り捨てる「大さか手」、大きく左へ振り回す「矢柄投げ」など、豪快な技を得意とした。1953年夏場所、東前頭6枚目で全勝優勝。調子に乗ると手がつけられないほど強いが、ムラのある成績で実力は大関クラスといわれながら関脇に終わった。

左四つ

ライバル若乃花と「栃若時代」を築いた小兵の名人横綱

本　　　　名	大塚→中田清
生 年 月 日	1925年2月20日 - 1990年1月10日 (64歳)
出 身 地	東京都江戸川区南小岩
四 股 名	大塚→栃錦
愛　　　　称	マムシ、名人
身 長 ・ 体 重	177cm / 132kg
得 意 技	左四つ、寄り、押し、上手出し投げ
所 属 部 屋	春日野
初 土 俵	1939年1月場所
最 終 場 所	1960年5月場所
横 綱 昇 進	1955年1月場所
横綱土俵入り	雲龍型
年 寄 名	春日野
連　　　　勝	24連勝
幕 内 成 績	513勝203敗1分44休 (幕内在位52場所)
勝　　　　率	0.716

幕内優勝回数 10回

🔌 名人横綱

　土俵上で、対戦相手に食らいつきそうな形相から「マムシ」と呼ばれた。小兵ながら内掛け、二枚げり、たすき反りからのはりま投げなど、多彩な技でファンを魅了し「名人横綱」の異名も。優勝10回を記録し、若乃花と「栃若時代」を築く。引退後も理事長として協会運営の重責を果たし、両国に国技館を建設するという大仕事を成し遂げた。

🏇 7連敗のあと8連勝

　前頭2枚目で迎えた1951年初場所、初日から痛恨の7連敗を記録するも、病気の子供の父親から届いた手紙を読んで発奮し、8日目の名寄岩戦から白星を重ね、14日目までに星を五分に。千秋楽の二瀬山戦は水入りの熱戦になったが、なんとか勝利し7連敗から8連勝というドラマチックな記録をつくった。

第45代横綱

若乃花 幹士 （初代）

わかのはな
かんじ

上手投げ

軽量にもかかわらず真っ向勝負で挑んだ「土俵の鬼」

本　　　　名	花田勝治
生 年 月 日	1928年3月16日 - 2010年9月1日（82歳）
出 身 地	青森県弘前市青女子（入幕時は北海道室蘭市）
四 股 名	若ノ花→若乃花
愛 称	土俵の鬼、異能力士、オオカミ
身 長・体 重	179㎝ /105kg
得 意 技	左四つ、上手投げ、呼び戻し
所 属 部 屋	二所ノ関→芝田山→花籠
初 土 俵	1946年11月場所
最 終 場 所	1962年3月場所
横 綱 昇 進	1958年3月場所
横綱土俵入り	雲龍型
年 寄 名	二子山→藤島（1993年3月停年退職）
連 勝	24連勝
幕 内 成 績	546勝235敗4分70休（幕内在位57場所）
勝 率	0.699

幕内優勝回数
10回

🔌 土俵の鬼

　体重100キロ余の軽量ながら、凄まじいほどの荒稽古を重ね、豪快な取り口と、闘志を土俵にぶつける相撲から「土俵の鬼」と呼ばれた。1958年に横綱昇進。同じ小兵のライバル栃錦との対戦では数々の名勝負を生み「栃若時代」を築いた。お互い10回の優勝を記録。横綱に昇進してから、休場、途中休場を除けばすべて2ケタ勝利。

🍶 お酒

　無類の酒好きで知られ、取組前に酒を口に含んで体に霧吹きをしてタオルで磨いていたという話も。さらには、花籠部屋の若秩父と博多の屋台を3軒はしごし、酒も肴もカラにしたという。引退後、親方になってからも、ウイスキーを1本空けてから飲みにでかけたという。ウイスキーを飲むことが多く、その理由は、日本酒はうま過ぎるから。

第46代横綱
朝潮
太郎

あさしお
たろう

左四つ

116

大阪場所に強く、優勝5回のうち 4回は大阪で「大阪太郎」と 呼ばれた横綱

本　　　名	米川文敏
生 年 月 日	1929年11月13日 - 1988年10月23日 (58歳)
出 身 地	鹿児島県大島郡徳之島町亀津
四 股 名	米川→朝潮→朝汐→朝潮
愛 称	大阪太郎、ケガニ
身長・体重	188cm /135kg
得 意 技	左四つ、寄り
所 属 部 屋	高砂
初 土 俵	1948年10月場所
最 終 場 所	1961年11月場所
横 綱 昇 進	1959年5月場所
横綱土俵入り	雲龍型
年 寄 名	朝潮→振分→高砂
連 勝	12連勝
幕 内 成 績	431勝248敗101休 (幕内在位52場所)
勝 率	0.635

幕内優勝回数 5回

胸毛と太い眉で人気

仁王様のようないかつい体に、太い眉毛にもみあげ、濃い胸毛という男性的な風貌で人気を博した。「一に朝潮太郎、二に長嶋茂雄、三に三島由紀夫」と、胸毛の濃い有名人を謳うフレーズが聞かれたほどである。優勝は通算5回しているが、そのうち4回は大阪場所で上げているため、「大阪太郎」と言われた。

裸のパレード

巨体を活かした相撲で、左右からはさみつけるようにして相手を追い込んで、右上手、左ハズの型にはまると無敵の強さを発揮した。1956年春場所、12勝3敗の優勝決定巴戦で、大関若ノ花、平幕若羽黒を降して初優勝。しかし優勝など考えていなかったため、紋付袴の準備をしてなく、締め込み姿で「裸のパレード」となった。

琴ヶ濱貞雄 （ことがはま　さだお）

最 高 位	大関
賞　　歴	殊勲賞 2 回　敢闘賞 1 回
	技能賞 5 回
新 入 幕	1950 年 5 月場所
幕内戦歴	441 勝 352 敗 92 休（59 場所）
得 意 技	左四つ、内掛け、上手投げ
愛　　称	南海の黒豹

　小兵だが、猛稽古で鍛え上げた赤銅色の体で「南海の黒豹」と呼ばれ、左四つからの左内掛けは名人芸といわれた。

　1958 年 3 月場所、13 勝 2 敗で大関、朝汐との優勝決定戦に出場、惜しくも敗れ優勝は逃したが場所後大関に昇進。

　1961 年 1 月場所では大関柏戸と千秋楽の相星決戦で敗れ優勝は出来なかった。

信夫山治貞 （しのぶやま　はるさだ）

最 高 位	関脇
賞　　歴	殊勲賞 1 回　敢闘賞 1 回
	技能賞 6 回
新 入 幕	1950 年 9 月場所
幕内戦歴	308 勝 322 敗 15 休（43 場所）
得 意 技	もろ差し、寄り切り
愛　　称	リャンコの信夫

　もろ差しの名人で知られ、もろ差しからのがぶり寄りは「リャンコ（2 本差し）の信夫」といわれた。相撲に一途で、暇さえあれば相撲技の研究に打ち込み、6 回の技能賞を獲得。三役から幕内上位で活躍し、横綱大関の上位陣を苦しめた。

　モンロー・ウォークに似た歩き方にも特徴があり、女学生のファンが多かった。

松登晟郎 （まつのぼり　しげお）

最 高 位	大関
賞　　歴	殊勲賞2回　敢闘賞1回
新 入 幕	1951年9月場所
幕内戦歴	358勝353敗24休（49場所）
得 意 技	左四つ、吊り出し、寄り切り
愛　　称	重タンク、マンボの松っちゃん

　ぶちかまし、またはカチあげから左を差して一気に出ていく取り口は「重タンク」と呼ばれ、土俵際でクルッと回り、ピンチを脱したりするところからは「マンボの松っちゃん」といわれた。

　大関昇進後、5場所連続9勝6敗の成績で「クンロク大関」といわれるなど、一度も二ケタ勝利をあげられなかった。

玉乃海太三郎 （たまのうみ　だいさぶろう）

最 高 位	関脇
賞　　歴	幕内優勝1回　殊勲賞2回
	敢闘賞3回
新 入 幕	1952年9月場所
幕内戦歴	303勝280敗32休（41場所）
得 意 技	右四つ、やぐら投げ、外掛け
愛　　称	荒法師

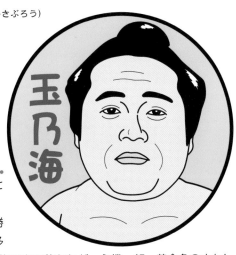

　やぐら投げ、呼び戻しなどの大技を得意とし「荒法師」の異名をとった。

　1957年関脇で初場所、春場所ともに11勝を上げ、大関目前といわれたが、腹痛など多くの病気で休場。復帰の九州場所は前頭14枚目まで落ちたが、心機一転、黄金色のまわしをつけて登場、栃錦、若ノ花に3差をつける全勝優勝を飾った。

印象に残った力士

鶴ヶ嶺昭男 （つるがみね　あきお）

最 高 位	関脇
賞　　歴	殊勲賞２回　敢闘賞２回 技能賞 10 回
新 入 幕	1953 年３月場所
幕内戦歴	550 勝 583 敗 22 休（77 場所）
得 意 技	右四つ、もろ差し、上手出し投げ
愛　　称	もろ差し名人

　「もろ差し名人」の異名を持ち、巻き替えの
うまさに定評があった。小柄ながら、左右に
小きざみに振りながら前に出る独特の相撲で、
技能賞 10 回はいまだに破られていない最多
記録でもある。

　1956 年初場所、前頭 10 枚目で 14 勝１敗の好成績を挙げ、同門の鏡里と優勝決定戦を行っ
たが、寄り切りで敗れた。

成山明 （なるやま　あきら）

最 高 位	小結
賞　　歴	殊勲賞１回　技能賞３回
新 入 幕	1953 年９月場所
幕内戦歴	261 勝 294 敗（37 場所）
得 意 技	左四つ、寄り切り
愛　　称	―

　新入幕の 1953 年９月場所、いきなり 12 勝
３敗という好成績を挙げ技能賞を受賞。

　左を差しての一気の速攻相撲を得意とし、
場所の序盤にたびたび上位陣を倒して「成山
旋風」を巻き起した。栃錦の後継者と期待されたが大酒がたたって糖尿病に悩まされ結局、
最高位も小結に終わり、三役もこの１場所だけであった。

安念山治 （あんねんやま　おさむ）

最 高 位	関脇
賞　　歴	幕内優勝 1 回　殊勲賞 3 回 敢闘賞 1 回
新 入 幕	1954 年 5 月場所
幕内戦歴	428 勝 427 敗 1 分 29 休（59 場所）
得 意 技	左四つ下手投げ、内無双
愛　　称	えびすこ横綱

　左四つからの左下手投げが得意。しぶとさでも定評があり、土俵際の投げの打ち合いなら誰にも負けないと語っていたほど。1954 年夏場所、20 歳の若さで新入幕を果たし、ちょうど 3 年後の 1957 年夏場所、新小結で 13 勝 2 敗で初優勝を飾った。将来の大関、横綱を期待されたが、三役、幕内上位までにとどまった。

若羽黒朋明 （わかはぐろ　ともあき）

最 高 位	大関
賞　　歴	幕内優勝 1 回　殊勲賞 1 回 敢闘賞 1 回　技能賞 2 回
新 入 幕	1955 年 3 月場所
幕内戦歴	423 勝 381 敗 36 休（56 場所）
得 意 技	押し出し、左四つ、寄り切り
愛　　称	ドライ坊や、角界の異端児

　早くから注目され、1959 年秋場所関脇で 12 勝を挙げ、場所後に大関昇進。新大関で迎えた同年九州場所で初優勝を果たし横綱を期待された。自ら「俺は柏鵬の反逆児だ」といっていたが、稽古嫌いと体調を崩したことから在位 13 場所で大関から陥落した。型破りの行動が多かったことから「ドライ坊や」と呼ばれた。

第47代横綱
柏戸 剛
かしわど つよし

右四つ

122

「角界のサラブレッド」と呼ばれ、大鵬とともに「柏鵬時代」を築く

本　　　　名	富樫剛	
生 年 月 日	1938年11月29日 - 1996年12月8日 (57歳)	
出 身 地	山形県鶴岡市桂荒俣	
四 股 名	富樫→柏戸	
愛　　　　称	角界のサラブレッド、ガラスの横綱	
身 長 ・ 体 重	188cm / 139kg	
得 意 技	右四つ、寄り、突き出し	
所 属 部 屋	伊勢ノ海	
初 土 俵	1954年9月場所	
最 終 場 所	1969年7月場所	
横 綱 昇 進	1961年11月場所	
横綱土俵入り	雲龍型	
年 寄 名	鏡山	
連　　　　勝	15連勝	
幕 内 成 績	599勝240敗140休 (幕内在位66場所)	
勝　　　　率	0.714	

幕内優勝回数 5回

🐭 大洋・柏戸・水割り

　1961年、小兵同士の名横綱「栃若時代」の後を継ぐように、ライバル大鵬と同時に横綱に昇進。「柏鵬時代」で大相撲の黄金時代を築いた。子供や女性に人気があった大鵬が「巨人、大鵬、卵焼き」といわれたのに対して、大人の男性に人気が高かった柏戸は「大洋（ホエールズ）、柏戸、水割り」といわれた。

🐂 剛の柏戸、柔の大鵬

　直線的で豪快な速攻相撲が持ち味だった柏戸に対し、自然体の相撲で自分の体勢になるまで我慢してじっくり攻めた大鵬。2人は「剛の柏戸、柔の大鵬」と評された。優勝回数では大鵬の32回に対し柏戸は5回と差がついたが、対戦成績では大鵬の21勝16敗。柏戸晩年の5連敗を除けば16対16の五分の成績を残している。

上手投げ

第48代横綱
大鵬 幸喜
たいほう こうき

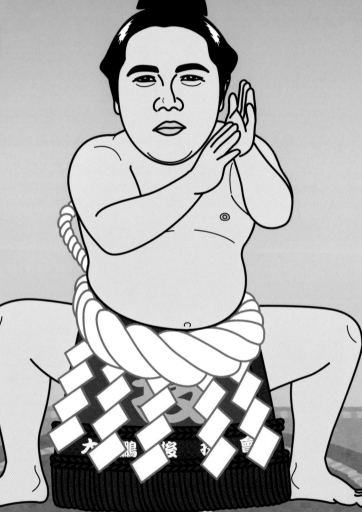

大鵬後援會

124

優勝回数 32 回を記録した 昭和の大横綱

本　　　　名	納谷幸喜
生 年 月 日	1940 年 5 月 29 日 - 2013 年 1 月 19 日 (72 歳)
出　身　地	北海道川上郡弟子屈町
四　股　名	納谷→大鵬
愛　　　称	北海の白熊
身長・体重	187cm /153kg
得　意　技	左四つ、寄り、掬い投げ、上手投げ
所 属 部 屋	二所ノ関
初　土　俵	1956 年 9 月場所
最 終 場 所	1971 年 5 月場所
横 綱 昇 進	1961 年 11 月場所
横綱土俵入り	雲龍型
年　寄　名	大鵬 (一代年寄) (2005 年 5 月停年退職)
連　　　勝	45 連勝
幕 内 成 績	746 勝 144 敗 136 休 (幕内在位 69 場所)
勝　　　率	0.838

幕内優勝回数 32 回

巨人・大鵬・卵焼き

優勝 32 回、6 連覇 2 回、全勝 8 回、45 連勝など、数々の記録を樹立した昭和の大横綱。1961 年 21 歳 3 ヶ月でライバル柏戸と同時に横綱に昇進。「柏鵬時代」を築いた。当時の子供に人気のあるものの代名詞「巨人・大鵬・卵焼き」は流行語になった。引退後はその功績から初の一代年寄大鵬が贈られた。2013 年没後の 2 月に国民栄誉賞受賞。

酒豪

現役時代の酒豪ぶりは有名で、1 晩に 1 斗 (10 升) 飲んだこともあるといわれている。場所中、明け方まで飲んでいて、付け人が「横綱、今日は大関戦ですが」と心配すると「どうしておれが大関とやるのに寝なきゃいけないんだ」と豪語したことも。塩辛いものも好物で、大ぶりの明太子をいくつもつまみにして飲んだ。

上手出し投げ

第49代横綱

栃ノ海 晃嘉

とちのうみ てるよし

126

小兵ながら抜群の技能で横綱に昇進

本　　　　名	花田→宮古→花田茂廣
生 年 月 日	1938 年 3 月 13 日
出 身 地	青森県南津軽郡田舎館村川部
四 股 名	花田→栃ノ海
愛 称	津軽のじょっぱり
身 長・体 重	177cm /110kg
得 意 技	左四つ、寄り、上手出し投げ、両前まわし取り
所 属 部 屋	春日野
初 土 俵	1955 年 9 月場所
最 終 場 所	1966 年 11 月場所
横 綱 昇 進	1964 年 3 月場所
横綱土俵入り	雲龍型
年 寄 名	栃ノ海→中立→春日野→竹縄（2003 年 3 月停年退職）
連 勝	17 連勝
幕 内 成 績	315 勝 181 敗 104 休 （幕内在位 40 場所）
勝 率	0.635

幕内優勝回数
3回

小兵の技能派横綱

110 キロと小柄ながら抜群の技能とスピード相撲で横綱まで昇り詰めた。1962 年夏場所、関脇で初優勝。1963 年九州場所は大関で 2 回目の優勝を飾り、1964 年初場所で 13 勝を挙げ横綱に昇進。同年夏場所が最後の優勝となり、その後は腰椎分離症に悩まされ、技能派横綱として花の咲くことのないまま引退した。

横綱のプレッシャー

現役時代は苦しいことばかりで、とくに横綱時代は相当にプレッシャーを感じ、場所が近づくにつれて体重が減り、夜はお酒を飲まないと、まともに睡眠を取ることができなかったという。1966 年九州場所 7 日目に引退を発表してからは横綱の地位から解放されたこともあり、2 日間眠り続けたという。

第50代横綱

佐田の山 晋松

さだのやま
しんまつ

突っ張り

柏戸、大鵬相手に正攻法相撲で健闘

本　　　　名	佐々田→市川晋松
生 年 月 日	1938 年 2 月 18 日 - 2017 年 4 月 27 日 (79歳)
出 身 地	長崎県南松浦郡新上五島町有川郷
四 股 名	佐々田→佐田ノ山→佐田の山→佐田乃山→佐田の山
愛　　　　称	ノッポの晋松、第 3 の男、闘魂の横綱
身 長 ・ 体 重	182㎝ /129kg
得 意 技	突っ張り、右四つ、寄り、上手投げ
所 属 部 屋	出羽海
初 土 俵	1956 年 1 月場所
最 終 場 所	1968 年 3 月場所
横 綱 昇 進	1965 年 3 月場所
横綱土俵入り	雲龍型
年 寄 名	出羽海→境川→中立 (2003 年 2 月停年退職)
連　　　　勝	25 連勝
幕 内 成 績	435 勝 164 敗 61 休 (幕内在位 44 場所)
勝　　　　率	0.726

幕内優勝回数 6 回

🔌 ジンクスを破って横綱昇進

1961 年 5 月場所、幕尻から 2 枚目の西前頭 13 枚目で、まさかの優勝。

当時、平幕優勝力士は大関になれないといわれたが、1965 年初場所で 3 回目の優勝を果たし、横綱まで昇り詰めた。大鵬、柏戸に次ぐ「第 3 の男」と呼ばれた。1967 年九州場所、1968 年初場所と連覇したが、次の場所で 5 日目に 3 敗目を喫するとあっさり引退した。

⛩ 007 シリーズに出演

1967 年公開の映画「007 は二度死ぬ」に、ショーン・コネリー演じる主人公ジェームス・ボンドが暗号解読のために日本を訪れ、蔵前国技館で佐田の山と対面する場面では本人役として出演。なぜ自分が抜擢されたかについて「私が手頃だったんじゃないですかね。大鵬関じゃおかしいでしょう」と語っていたという。

印象に残った力士

栃光正之

（とちひかり　まさゆき）

最高位	大関
賞　歴	殊勲賞3回　敢闘賞2回
新入幕	1955年5月場所
幕内戦歴	486勝403敗11休（60場所）
得意技	押し出し、左四つ、上手投げ
愛　称	ベコ（牛）

　真面目な性格で知られ、黙々と稽古をしてタフなことから付けられたあだ名は「ベコ（牛）」。土俵マナーも素晴らしく、生涯、時間いっぱい後の待ったは一番もやらなかった。
1962年5月場所、柏戸、大鵬の両横綱を破るなど13勝2敗を挙げ、14勝1敗で優勝した弟弟子の栃ノ海と同時に場所後、大関昇進を果たした。

若秩父高明

（わかちちぶ　こうめい）

最高位	関脇
賞　歴	敢闘賞2回
新入幕	1958年9月場所
幕内戦歴	367勝398敗（51場所）
得意技	左四つ、吊り出し、寄り切り
愛　称	秩父の怪童、あんちゃん

　1958年秋場所、柏戸、豊ノ海とともに入幕し「ハイティーントリオ」と騒がれ、いきなり12勝3敗で敢闘賞に。アンコ型の体型で巨漢をいかした吊り、寄りが得意。大量に塩をまく土俵姿に愛嬌もあって爆発的な人気になった。糖尿病に悩まされ、一時は十両に陥落したが、努力が実り関脇にカムバックした。

北葉山英俊 （きたばやま　ひでとし）

最 高 位	大関
賞　　歴	幕内優勝 1 回　殊勲賞 1 回 敢闘賞 2 回
新 入 幕	1958 年 11 月場所
幕内戦歴	396 勝 273 敗 21 休（46 場所）
得 意 技	左四つ、寄り切り、うっちゃり
愛　　称	物知り博士、土俵のファイター

　小柄だが、闘争心あふれる相撲で、うっちゃりに定評があった。1961 年 5 月場所後、大関に昇進。直近 3 場所の成績から本人は大関になれるとは予想外で、当日に慌てて着替え、伝達式に臨んだ。

　1963 年名古屋場所、13 勝 2 敗の成績で初優勝。前の場所まで 1 回目の 6 連覇を成し遂げた大鵬の賜杯拝戴を阻止した。

明武谷清 （みょうぶだに　きよし）

最 高 位	関脇
賞　　歴	殊勲賞 4 回　敢闘賞 4 回
新 入 幕	1959 年 7 月場所
幕内戦歴	414 勝 450 敗 6 休（58 場所）
得 意 技	左四つ、吊り出し、上手投げ
愛　　称	八頭身力士

　「八頭身力士」といわれ、長身をいかした吊り出しが得意。筋骨隆々でスマート、彫りの深い顔立ちで、日本の女性だけでなく外国人の女性にも人気があった。

　1961 年 9 月場所は大鵬と柏戸、1965 年 9 月場所は柏戸と佐田の山、いずれも 3 人による優勝決定戦に出場した。4 度の殊勲賞は、すべて大鵬を倒してのもの。

印象に残った力士

豊山勝男

（ゆたかやま　かつお）

最高位　　**大関**

賞　歴　　**殊勲賞３回　敢闘賞４回**

新入幕　　**1962年１月場所**

幕内戦歴　**373勝234敗８休（41場所）**

得意技　　**右四つ、上手投げ**

愛　称　　**インテリ大関（大卒で大関に昇進）**

　学生相撲で大相撲入りし期待をかけられた。1962年新入幕でいきなり12勝。

　翌年の1963年初場所後にはあっという間に大関昇進。直前３場所の成績は12勝、12勝、13勝と、抜群の成績で横綱昇進も時間の問題といわれていたが、柏鵬の時代全盛だったこともあり、優勝経験のないまま1968年秋場所を最後に引退した。

若浪順

（わかなみ　じゅん）

最高位　　**小結**

賞　歴　　**幕内優勝１回　殊勲賞２回**
　　　　　敢闘賞２回

新入幕　　**1963年５月場所**

幕内戦歴　**351勝429敗（52場所）**

得意技　　**左四つ、吊り出し、うっちゃり**

　小柄だが腕力があり、力任せの吊り出しを得意とした。同時期に活躍した明武谷は長身をいかした吊り出しだが、若浪の吊り出しは「天井を向いて吊る」と言われた。胸毛に濃いもみ上げがトレードマークで人気があった。1968年春場所、優勝争いを演じた大関豊山、小結麒麟児（後の大麒麟）を振り切って、13勝２敗で平幕優勝。

大麒麟将能 （だいきりん　たかよし）

最 高 位	大関
賞 　 歴	殊勲賞 5 回　技能賞 4 回
新 入 幕	1963 年 9 月場所
幕内戦歴	473 勝 337 敗 49 休（58 場所）
得 意 技	右四つ、寄り切り、吊り出し
愛 　 称	コンちゃん（狐のような容姿から）

　足のケガで幕内から幕下まで転落し、その後、大関に昇進した苦労人。柔らかい体、前さばきのうまさで、柏戸や佐田の山、豊山ら横綱大関陣を苦しめた。

　1968 年春場所千秋楽まで 2 敗で優勝争いの一角にいたが、ここ一番に弱くコチコチになり、前の山にもろ差しにされて押し出され、優勝のチャンスを逃した。

清國忠雄 （きよくに　ただお）

最 高 位	大関
賞 　 歴	幕内優勝 1 回　殊勲賞 3 回 技能賞 4 回
新 入 幕	1963 年 11 月場所
幕内戦歴	506 勝 384 敗 31 休（62 場所）
得 意 技	左四つ、寄り切り、押し出し
愛 　 称	土俵の壊し屋、運ちゃん

　右からのおっつけが強く、大鵬、柏戸ら横綱陣をよく苦しめた。1964 年初場所、入幕 2 場所目で初日から 14 連勝するも、千秋楽に関脇の大豪に敗れ優勝は全勝の大鵬にさらわれた。1969 年新大関で迎えた名古屋場所、3 敗同士の藤ノ川と優勝決定戦を行い、浴びせ倒しで勝ち、初優勝を飾った。

第51代横綱
玉の海 正洋
たまのうみ まさひろ

現役中、27歳の若さで死去した悲運の横綱

本　　　　名	善竹→谷口→竹内→谷口正夫
生　年　月　日	1944年2月5日 - 1971年10月11日 (27歳) (心臓動脈血栓症のため)
出　身　地	愛知県蒲郡市水竹町
四　股　名	玉乃島→玉の海
愛　　　称	悲劇の横綱、現代っ子横綱
身長・体重	177cm /134kg
得　意　技	突っ張り、右四つ、寄り、吊り、上手投げ
所　属　部　屋	二所ノ関→片男波
初　土　俵	1959年3月場所
最　終　場　所	1971年9月場所 (現役中に死去)
横　綱　昇　進	1970年3月場所
横綱土俵入り	不知火型
年　寄　名	―
連　　　勝	19連勝
幕　内　成　績	469勝221敗 (幕内在位46場所)
勝　　　率	0.680

幕内優勝回数 6回

⚡ 北玉時代

1968年5月場所、13勝2敗の成績で初優勝。同年の1月、3月場所では連続して12勝を挙げており、横綱昇進を期待されたが見送られた。1970年初場所、優勝は逃したが、13勝2敗の成績でライバル北の富士と同時に横綱に昇進。この時、玉乃島から玉の海に改名。北の富士同様「現代っ子横綱」と呼ばれ「北玉時代」を築いた。

🐎 現役最盛期での死

1971年10月11日、虫垂炎手術後の心臓動脈血栓症で突然の死去。巡業先で悲報を聞かされた北の富士は涙にくれたという。急死直前の1970年9月場所から1971年9月までの7場所の成績が全勝1回、14勝での優勝が3回、合計96勝9敗と素晴らしく、まさにこれからというときの死を惜しむ声は多かった。

突っ張り

玉の海とともに「北玉時代」を築き優勝 10 回を記録

本　　　　名	竹沢勝昭
生 年 月 日	1942 年 3 月 28 日
出　身　地	北海道旭川市十条通
四　股　名	竹沢→竹美山→北の富士
愛　　　称	現代っ子横綱、プレイボーイ横綱、イレブン横綱
身長・体重	185cm /135kg
得　意　技	突っ張り、左四つ、寄り、上手投げ、外掛け
所　属　部　屋	出羽海→九重
初　土　俵	1957 年 1 月場所
最　終　場　所	1974 年 7 月場所
横　綱　昇　進	1970 年 3 月場所
横綱土俵入り	雲龍型
年　寄　名	井筒→九重→陣幕 （1998 年 1 月 31 日退職）
連　　　勝	21 連勝
幕　内　成　績	592 勝 294 敗 62 休 （幕内在位 64 場所）
勝　　　率	0.668

幕内優勝回数 10 回

🔌 優勝 10 回の名横綱

　1970 年初場所、2 場所連続 3 回目の優勝でライバルの玉の海ととともに横綱に昇進。1970 年 9 月場所から 4 場所連続 11 勝の成績で「イレブン横綱」とも言われたが、全勝 3 回を含む優勝 10 回を記録した。引退後は千代の富士、北勝海の両横綱を育てて九重部屋黄金時代を築き、ユーモアあふれる語り口で NHK の相撲解説でも人気者に。

🦇 相撲以外でも人気

　都会的な雰囲気と甘いマスクで人気があり、現役当時からキャバレーやちゃんこ料理店を経営したり、大関時代の 1967 年に発売したレコード「ネオン無情」がヒットし、歌番組に歌手として出演したことも。「現代っ子横綱」「プレイボーイ横綱」「夜の帝王」などと呼ばれ、相撲以外でも話題豊富な横綱だった。

第53代横綱 琴櫻 傑將

ことざくら まさかつ

右四つ

熊　　組

138

連続優勝で横綱に昇進、「遅咲きの桜」と言われた

本　　　名	鎌谷紀雄
生 年 月 日	1940年11月26日 - 2007年8月14日 (66歳)
出 身 地	鳥取県倉吉市鍛冶町
四 股 名	鎌谷→琴桜 (琴櫻)
愛　　　称	猛牛、遅咲きの桜
身長・体重	182cm /150kg
得 意 技	押し、右四つ、寄り、吊り
所 属 部 屋	佐渡ケ嶽
初 土 俵	1959年1月場所
最 終 場 所	1974年5月場所
横 綱 昇 進	1973年3月場所
横綱土俵入り	不知火型
年 寄 名	白玉→佐渡ケ嶽 (2005年11月停年退職)
連　　　勝	18連勝
幕 内 成 績	553勝345敗77休 (幕内在位66場所)
勝　　　率	0.616

幕内優勝回数 5回

猛牛

当初は投げ技が得意だったが、1964年初場所、横綱柏戸と対戦して右足首を骨折する大怪我で十両まで陥落。これを機に、投げ技の相撲から、押し相撲に徹することに。これがみごとに成功し、立ち合いに頭から激しく当たる強烈なぶちかましから「猛牛」の異名を取り、1967年大関に昇進した。

遅咲きの横綱

大関時代も怪我に泣かされた。初期には2度の優勝もあるが、カド番も3回迎えている。年齢も30歳を超え引退も噂されたが、1972年九州場所、1973年初場所と14勝1敗で連続優勝を果たし、横綱に昇進。

新大関から横綱昇進までのスロー昇進記録をつくり「遅咲きの桜」「姥桜」と言われた。

長谷川勝敏 <small>(はせがわ かつとし)</small>

最高位	関脇
賞　歴	幕内優勝1回　殊勲賞3回 敢闘賞3回　技能賞2回
新入幕	1965年1月場所
幕内戦歴	523勝502敗（69場所）
得意技	左四つ、寄り切り、掬い投げ
愛　称	史上最強の関脇

　早くから期待され、左四つ、寄りを得意にして幕内上位から三役で活躍した。

　6場所連続関脇で迎えた1972年春場所12勝3敗の成績を挙げ、前頭7枚目の魁傑と優勝決定戦を戦い、寄り切りで初優勝。

　直近3場所の成績で通算30勝していたが大関は見送られた。1976年春場所10日目に史上初の幕内連続1000回出場を記録。

前の山太郎 <small>(まえのやま たろう)</small>

最高位	大関
賞　歴	殊勲賞3回　敢闘賞2回
新入幕	1966年9月場所
幕内戦歴	343勝305敗34休（46場所）
得意技	突き出し、左四つ、寄り切り
愛　称	闘将

　攻撃型の相撲で、張り手を交えた突っ張りが得意。1969年5月場所で11勝4敗。以後、7場所連続して関脇に定着、1970年7月場所13勝2敗の成績を挙げ、北の富士との優勝決定戦で敗れたものの場所後に大関に昇進した。大関では不振で、9勝、8勝が多いことから「クンロク大関」「ハチナナ大関」とも揶揄されていた。

藤ノ川豪人 （ふじのかわ　たけと）

最 高 位	関脇
賞　　歴	殊勲賞 1 回　敢闘賞 2 回
	技能賞 4 回
新 入 幕	1966 年 11 月場所
幕内戦歴	209 勝 240 敗 16 休（31 場所）
得 意 技	突き出し、押し出し、右四つ
愛　　称	今牛若、土俵際の魔術師

　小柄な体で暴れ回り「今牛若」「ちびっ子ギャング」、土俵際でくるりと回って逆転して勝つことで「土俵際の魔術師」など、数多くのニックネームで呼ばれた。

　1969 年 7 月場所、前頭 5 枚目で 12 勝 3 敗の好成績を挙げ、清國と優勝決定戦を行い敗れたが、敢闘賞と技能賞のダブル受賞する活躍を見せた。

栃東知頼 （とちあずま　ともより）

最 高 位	関脇
賞　　歴	幕内優勝 1 回　殊勲賞 4 回
	技能賞 6 回
新 入 幕	1967 年 3 月場所
幕内戦歴	404 勝 448 敗 23 休（59 場所）
得 意 技	左四つ、上手出し投げ
愛　　称	留守番

　技能派力士として知られ、右手の握力が 87 キロもあり、右前みつを引くと強かった。

　前頭 5 枚目で迎えた 1972 年初場所、15 日制初の 11 勝での成績で優勝を果たした。この場所は上位陣に休場や途中休場が多く、安定した成績をあげる力士がなく波乱の場所の優勝だった。殊勲・技能の三賞ダブル受賞 4 回の記録がある。

印象に残った力士

高見山大五郎 （たかみやま　だいごろう）

最高位	関脇
賞　　歴	幕内優勝1回　殊勲賞6回 敢闘賞5回
新入幕	1968年1月場所
幕内戦歴	683勝750敗22休（97場所）
得意技	突き出し、左四つ、寄り切り
愛　　称	ジェシー

ハワイ巡業中の高砂親方に見出されて1964年に入門。当初は体が固く、股割りの稽古で涙を流し、その時に言ったとされる「目から汗が出た」は名言になった。

1972年名古屋場所、前頭4枚目で13勝2敗の成績を上げ外国人力士初の優勝。幕内在位97場所、金星12個など多くの記録をつくり、ジェシーの愛称で人気があった。

龍虎勢朋

（りゅうこ　せいほう）

最高位	小結
賞　　歴	殊勲賞2回　敢闘賞4回
新入幕	1968年3月場所
幕内戦歴	240勝262敗25休（36場所）
得意技	突っ張り、肩透かし、外掛け

1968年春場所、新入幕でいきなり11勝を挙げ、敢闘賞受賞。1年後の春場所では12勝3敗の成績で、この場所の優勝力士琴櫻を破り、殊勲・敢闘のダブル受賞。

1971年九州場所、巨漢の義ノ花戦でアキレス腱を切断し、幕下まで陥落、不死鳥のごとく再起したがこの一番が公傷制度を生むきっかけとなった。親方を経て廃業後はタレントでも人気に。

黒姫山秀男 （くろひめやま　ひでお）

最 高 位	関脇
賞　　歴	殊勲賞 4 回　敢闘賞 3 回 技能賞 1 回
新 入 幕	1969 年 7 月場所
幕内戦歴	510 勝 570 敗（72 場所）
得 意 技	押し出し、右四つ、寄り切り
愛　　称	デゴイチ、デボネア

　立ち合いの強烈なぶちかましで一気に押し出す取り口で、上位キラーとして恐れられた。ハマると北の湖でも電車道であっさり押し出し、その威力から蒸気機関車の「デゴイチ」の異名をとった。額のひろさから「デボネア」というニックネームも。一時は大関候補に名前が挙がったが、三役での二ケタ勝利は一度もなかった。

大受久晃 （だいじゅ　ひさてる）

最 高 位	大関
賞　　歴	殊勲賞 4 回　敢闘賞 1 回 技能賞 6 回
新 入 幕	1970 年 5 月場所
幕内戦歴	308 勝 296 敗 26 休（42 場所）
得 意 技	押し出し、右差し、すくい投げ

　身長が足りなくて 4 回目の新弟子検査でやっと合格するまで 2 年半かかった苦労人。右からのおっつけ、突き放しに徹した押し相撲で、1973 年 7 月場所では 13 勝 2 敗の好成績を挙げて、史上初めてとなる三賞独占の快挙を成し遂げ、場所後大関に昇進した。しかし、腰痛や右ひざの故障に悩まされ、大関は 5 場所で陥落した。

第54代横綱
輪島 大士
わじまひろし

左四つ

144

学生相撲出身初の横綱、北の湖と「輪湖時代」を築いた

本　　　　名	輪島博
生 年 月 日	1948年1月11日 - 2018年10月8日(70歳)
出 　 身 　 地	石川県七尾市石崎町
四 　 股 　 名	輪島
愛　　　　称	蔵前の星、黄金の左
身長・体重	186cm / 132kg
得 　 意 　 技	左四つ、寄り、下手投げ
所 属 部 屋	花籠
初 　 土 　 俵	1970年1月場所
最 終 場 所	1981年3月場所
横 綱 昇 進	1973年7月場所
横綱土俵入り	雲龍型
年 　 寄 　 名	花籠 (1985年12月廃業)
連　　　　勝	27連勝
幕 内 成 績	620勝213敗85休 (幕内在位62場所)
勝　　　　率	0.744

幕内優勝回数
14回

🖱 スピード出世で横綱に

学生相撲（日大）から入門。当時は学生相撲からのプロ入りは少なかったため注目を集め、同じ学生相撲出身の長浜（2代目豊山）との対戦では十両の取り組みなのに懸賞がかかったほど。天才的な取り口でスピード出世し、その速さに髪ののびが追いつかず、当時では珍しく大銀杏を結えない姿が話題になった。本名のまま横綱に昇進した。

🐗 黄金の左で14回優勝

「黄金の左」から繰り出す強烈な下手投げで、ライバル北の湖と「輪湖時代」を築き、14回優勝。1973年九州場所では、右手の指に裂傷を負ったが、12勝2敗1休で優勝。授与式では手に包帯を巻いて賜杯を受け取った。私生活では、部屋を出て高級マンションに住み、高級外車に乗り、一流品ばかりを身に付けた。

上手投げ

第55代横綱

北の湖 敏満

きたのうみ
としみつ

146

数々の記録を打ち立て、憎らしいほど強いといわれた昭和の大横綱

本　　　　名	小畑敏満	
生 年 月 日	1953年5月16日 - 2015年11月20日 (62歳)	
出　身　地	北海道有珠郡壮瞥町滝之町	
四　股　名	北の湖	
愛　　　　称	北の怪童、大相撲の申し子、不沈艦	
身長・体重	179cm / 169kg	
得　意　技	左四つ、吊り、寄り、上手投げ	
所 属 部 屋	三保ケ関	
初　土　俵	1967年1月場所	
最 終 場 所	1985年1月場所	
横 綱 昇 進	1974年9月場所	
横綱土俵入り	雲龍型	
年　寄　名	北の湖 (一代年寄)	
連　　　　勝	32連勝	
幕 内 成 績	804勝247敗107休 (幕内在位78場所)	
勝　　　　率	0.765	

幕内優勝回数 24回

憎らしいほど強い横綱

早くから「怪童」と呼ばれ、史上最年少、21歳の若さで横綱に昇進。数々の記録を塗り替え「昭和の大横綱」のひとりに数えられる。勝っても負けてもふてぶてしい態度、倒した相手が起き上がる際に一切手を差し伸べないことから「憎らしいほど強い横綱」と言われ、1978年には5場所連続優勝を果たした。

20歳で酒をやめる!?

かなりの酒豪で知られ、21歳の若さで横綱に昇進したときには「お酒は控えるように」と横審から異例の注文を出されたほど。また、成人の日に感想を聞かれて「おれ、きょうから酒やめる」と言ったのは有名。憎らしいほど強かったため、当時の嫌いなものをたとえ「江川・ピーマン・北の湖」という言葉も。

第56代横綱

若乃花 幹士

（2代目）

わかのはな かんじ

外掛け

二子山後援会

148

甘いマスクで大関貴ノ花と
人気を二分した横綱

本　　　名	下山勝則
生 年 月 日	1953 年 4 月 3 日
出 身 地	青森県南津軽郡大鰐町居土沢田
四 股 名	下山→朝ノ花→若三杉幹士→若三杉壽人→若乃花
愛　　　称	カンボ（名前の勝則から）、美剣士、五月人形
身 長・体 重	186㎝／129kg
得 意 技	左四つ、上手投げ、外掛け
所 属 部 屋	二子山
初 土 俵	1968 年 7 月場所
最 終 場 所	1983 年 1 月場所
横 綱 昇 進	1978 年 7 月場所
横綱土俵入り	雲龍型
年 寄 名	若乃花→間垣（2013 年 12 月退職）
連　　　勝	26 連勝
幕 内 成 績	512 勝 234 敗 70 休（幕内在位 55 場所）
勝　　　率	0.686

幕内優勝回数 4 回

🎀 ライバルは隆の里

　幼い頃から青森で相撲を取り、初代若乃花の二子山親方に見出され、同じ青森出身の隆の里と一緒に夜行列車で上京。先に若乃花が横綱に昇進、糖尿病を患い成績の伸びない同期の隆の里に対して、マスコミにはつねに「ライバルは隆の里です」と答え続けた。引退した 1983 年、ライバルの隆の里が横綱に昇進した。

🐗 休場をあきらめて全勝優勝 !?

　横綱昇進 3 場所目となる 1978 年九州場所、肝炎を患っていたが、師匠の元横綱・初代若乃花の二子山親方に怒鳴られるのが嫌で休場を申し出ることができず、我慢して出場。終わってみれば全勝優勝で横綱になって初の賜杯を抱いた。優勝回数は 4 回と少ないが、幕内連続 2 ケタ勝利を 23 場所記録するなど、安定した成績を残している。

上手出し投げ

第57代横綱

三重ノ海 剛司

みえのうみ つよし

佐の後会

初土俵以来スロー横綱昇進記録も、昇進後2場所目から連続優勝

本　　　　名	石山五郎
生 年 月 日	1948 年 2 月 4 日
出 　 身 　 地	三重県松阪市本町
四 　 股 　 名	石山→三重ノ海 （三重の海）
愛 　 　 　 称	安藝ノ海二世
身 長 ・ 体 重	181㎝ /135kg
得 　 意 　 技	左四つ、寄り、上手出し投げ
所 属 部 屋	出羽海
初 　 土 　 俵	1963 年 7 月場所
最 終 場 所	1980 年 11 月場所
横 綱 昇 進	1979 年 9 月場所
横綱土俵入り	雲龍型
年 　 寄 　 名	山科→武蔵川 （2013 年 2 月停年退職）
連 　 　 　 勝	24 連勝
幕 内 成 績	543 勝 413 敗 1 分 51 休 （幕内在位 68 場所）
勝 　 　 　 率	0.568

幕内優勝回数 3 回

🔌初土俵から 97 場所で横綱

　貧しい家庭に育ち、中学卒業後に就職してから、大相撲の門をたたいた。持病の肝臓病に苦しめられたが、1975 年九州場所、初土俵から 10 年以上かかり初優勝、大関に昇進。わずか 3 場所で関脇に陥落するが、すぐ大関に返り咲き、1979 年名古屋場所、初土俵から 16 年、97 場所という最も遅い記録で横綱に昇進した。

🐗最後の引き分け？

　現在の大相撲は、二番後取り直しの後、水入りで、その後も動きがなくなった場合に引き分けとすることになっているが、1974 年 9 月場所の三重ノ海と二子岳との一番が最後で、それ以降幕内での引き分けは一度も出ていない。当時でさえ、すでに引き分けの相撲は珍しく、こんな熱戦は二度と行われないだろうと話題になった。

印象に残った力士

貴ノ花利彰

（たかのはな　としあき）

最高位	大関
賞　歴	幕内優勝2回　殊勲賞3回 敢闘賞2回　技能賞4回
新入幕	1968年11月場所
幕内戦歴	578勝406敗58休（70場所）
得意技	左四つ、吊り出し、上手投げ
愛　称	角界のプリンス

　横綱初代若乃花の実弟で、細身の体型と甘いマスクから「角界のプリンス」と呼ばれ絶大な人気を誇った。1975年3月場所優勝決定戦で横綱北の湖を破って初優勝が決まった瞬間、館内は多くの座布団が乱れ飛び、貴ノ花人気を物語った。同年9月場所も決定戦で北の湖を破り優勝。大関在位は50場所。

旭國斗雄

（あさひくに　ますお）

最高位	大関
賞　歴	敢闘賞1回　技能賞6回
新入幕	1969年7月場所
幕内戦歴	418勝330敗57休（54場所）
得意技	右四つ、下手投げ、とったり
愛　称	ピラニア、相撲博士

　食いついたら離れないしぶとさから「ピラニア」の異名を持つ。

　小結だった1975年3月場所、膵臓炎で入院し初日から休場していたが「土俵で死ねれば本望だ」と、10日目から出場。病院のベッドから場所入りして4勝2敗。根性がまわしをつけて土俵に上がっているようだと話題になった。

増位山太志郎 （ますいやま　だいしろう）

最高位	大関
賞　歴	技能賞 5 回
新入幕	1970 年 3 月場所
幕内戦歴	422 勝 435 敗 18 休（59 場所）
得意技	右四つ、上手出し投げ、内掛け
愛　称	一

　旭國の引退で、ひとつ空いた大関の座を目ざし、1980 年 1 月場所、関脇の地位で連続 2 ケタ勝利となる 12 勝を挙げて、場所後に大関昇進。親子 2 代（→ p.94　増位山）にわたる大関誕生と話題になった。多彩な趣味でも知られ現役時代から歌手としても活動。シングルレコード「そんな夕子にほれました」「そんな女のひとりごと」など、ヒット曲も記録。

金剛正裕

（こんごう　まさひろ）

最高位	関脇
賞　歴	幕内優勝 1 回　殊勲賞 3 回
新入幕	1970 年 9 月場所
幕内戦歴	259 勝 281 敗（37 場所）
得意技	右前まわし、寄り切り
愛　称	ホラ吹き、すっぽん

　右前まわしを取っての攻撃を得意とし、西前頭筆頭で迎えた 1975 年 7 月場所、13 勝 2 敗の成績で初優勝を果たした。奔放で愉快なコメントは「金剛語録」と呼ばれ「ホラ吹き金剛」のあだ名でも人気になった。

　横綱北の湖から 3 つの金星を挙げ「北の湖キラー」の異名も付いた。

魁傑将晃 （かいけつ　まさてる）

最高位	大関
賞　歴	幕内優勝2回　殊勲賞2回
	敢闘賞7回　技能賞1回
新入幕	1971年9月場所
幕内戦歴	367勝304敗（45場所）
得意技	突っ張り、左四つ、寄り切り
愛　称	黒いダイヤ、怪傑黒頭巾、
	相撲界の紳士

　輪島、貴ノ花らと「阿佐ヶ谷トリオ」として活躍。1974年11月場所小結で12勝3敗の成績を挙げ、優勝決定戦で横綱北の湖を破り初優勝。1975年1月場所後に大関に昇進も、わずか5場所で陥落。平幕まで落ちたが、1976年9月場所で14勝1敗を挙げ、2度目の優勝。翌年、大関に復活したが今度は4場所務めて、また陥落した。

鷲羽山佳員 （わしゅうやま　よしかず）

最高位	関脇
賞　歴	敢闘賞3回　技能賞5回
新入幕	1973年5月場所
幕内戦歴	319勝353敗63休（49場所）
得意技	突っ張り、押し、いなし
愛　称	ちびっ子ギャング

　174センチ、110キロの小兵力士で、立ち合いの鋭い突っ込みから突っ張りや押し、いなしと多彩な技で相撲ファンを沸かせた。「ちびっ子ギャング」の異名を取り、昭和50年代前半は旭國、北瀬海らとともに小兵旋風を巻き起した。晩年は幕内と十両を往復していたが、36歳まで現役を務めた。

麒麟児和春 （きりんじ　かずはる）

最 高 位	関脇
賞　　歴	殊勲賞 4 回　敢闘賞 4 回
	技能賞 3 回
新 入 幕	1974 年 9 月場所
幕内戦歴	580 勝 644 敗 34 休（84 場所）
得 意 技	突っ張り、押し、左四つ、寄り
愛　　称	一

　回転の速い突っ張りを得意として、幕内上位の常連として活躍。時間前に立つこともあった。同じ取り口の富士櫻との取り組みは人気を博し、1975 年 5 月場所 8 日目の天覧相撲では、両者 108 発の猛烈な突っ張り合いの一番を見せ、最後は麒麟児が上手投げで勝利。昭和天皇も身を乗り出して観戦され、大変喜ばれた。

富士櫻栄守 （ふじざくら　よしもり）

最 高 位	関脇
賞　　歴	殊勲賞 2 回　敢闘賞 3 回
	技能賞 3 回
新 入 幕	1971 年 9 月場所
幕内戦歴	502 勝 582 敗 11 休（73 場所）
得 意 技	突き出し、押し出し
愛　　称	突貫小僧

　突き押しに徹し、真っ向から当たっていく気っ風の良い相撲ぶりで、ファンから「突貫小僧」の愛称で親しまれた。
　親方から「稽古熱心もいい加減にしろ」と注意を受けるほどの無類の稽古熱心で知られた。1985 年 3 月場所、37 歳で引退。この場所で弟弟子の大関朝潮が初優勝を果たし、優勝パレードで優勝旗を持った。

第58代横綱
千代の富士貢
ちよのふじ みつぐ

寄り

相撲界初の国民栄誉賞を受賞した小さな大横綱

本　　　　名	秋元貢
生 年 月 日	1955年6月1日 - 2016年7月31日(61歳)
出 身 地	北海道松前郡福島町塩釜
四 股 名	秋元→大秋元→千代の冨士→千代の富士
愛　　　　称	ウルフ、小さな大横綱
身 長 ・ 体 重	183cm / 127kg
得 意 技	右四つ、寄り、上手投げ
所 属 部 屋	九重
初 土 俵	1970年9月場所
最 終 場 所	1991年5月場所
横 綱 昇 進	1981年9月場所
横綱土俵入り	雲龍型
年 寄 名	陣幕→九重
連　　　　勝	53連勝
幕 内 成 績	807勝253敗144休 (幕内在位81場所)
勝　　　　率	0.761

幕内優勝回数 31回

🔌 飛行機に乗れる

幼い頃からスポーツ万能で、走り高跳び、三段跳びで地方大会優勝。将来はオリンピック出場を夢見ていたが、中学3年の時、元横綱千代の山の九重親方から「飛行機に乗せて東京に連れて行ってあげる」という言葉に惹かれて入門を決意。最初は「東京へ行ってすぐやめて帰ってくればいい」と思ってOKしたという。

🏵国民栄誉賞を受賞

度重なる両肩の脱臼癖をなくすために1日500～1000回の腕立て伏せで肩に筋肉をつけて克服。右前まわしを引きつけて一気に寄る相撲に変え、あれよあれよという間に横綱に昇進した。通算1045勝、優勝回数31回、53連勝などを数々の大記録を達成して1989年、相撲界初の国民栄誉賞を受賞。史上初の5文字の四股名の関取でもある。

上手投げ

第59代横綱

隆の里 俊英

たかのさととしひで

二子山後援会

ライバル千代の富士に8連勝した
遅咲きの「おしん横綱」

本　　　　名	高谷俊英
生 年 月 日	1952年9月29日 - 2011年11月7日 (59歳)
出　身　地	青森県青森市浪岡
四　股　名	高谷→隆ノ里→隆の里
愛　　　称	おしん横綱、ポパイ、漢方薬博士
身長・体重	182cm /159kg
得　意　技	右四つ、寄り、吊り、上手投げ
所 属 部 屋	二子山
初　土　俵	1968年7月場所
最 終 場 所	1986年1月場所
横 綱 昇 進	1983年9月場所
横綱土俵入り	不知火型
年　寄　名	鳴戸
連　　　勝	21連勝
幕 内 成 績	464勝313敗80休 (幕内在位58場所)
勝　　　率	0.597

幕内優勝回数
4回

🔌 おしん横綱

　糖尿病を患いながらも時間をかけて克服、30歳を過ぎてから横綱に昇進。その忍耐ぶりから当時ブームを巻き起こしたNHKの連続テレビ小説「おしん」とオーバーラップさせ「おしん横綱」と呼ばれた。糖尿病の原因は暴飲暴食がたたってのもので、稽古の後にビールを3本、ちゃんこと一緒にウイスキーを飲むというほどのお酒好きだった。

🐗 千代の富士キラー

　対千代の富士戦は隆の里が8連勝を含む16勝12敗。「あの頃は顔を見るのも嫌でしたねぇ」と、千代の富士が九重親方時代に語っていた。

　1983年7月場所から1984年1月場所まで4場所連続千代の富士と千秋楽の結びに相星で優勝をかけて対決し（隆の里の3勝1敗）「隆千代時代」かといわれた。

第60代横綱

双羽黒 光司

ふたはぐろ こうじ

右四つ

将来を期待され優勝なしで
横綱昇進も親方らとトラブルで廃業

本　　　名	北尾光司
生 年 月 日	1963年8月12日 - 2019年2月10日 (55歳)
出 身 地	三重県津市乙部
四 股 名	北尾→双羽黒
愛　　　称	新人類横綱
身 長 ・ 体 重	199cm／157kg
得 意 技	右四つ、寄り、すくい投げ
所 属 部 屋	立浪
初 土 俵	1979年3月場所
最 終 場 所	1987年11月場所 (番付は1988年1月場所)
横 綱 昇 進	1986年9月場所
横綱土俵入り	不知火型
年 寄 名	―
連　　　勝	13連勝
幕 内 成 績	197勝87敗16休 (幕内在位20場所)
勝　　　率	0.694

🏆 親方とトラブルで廃業

　素質と将来性を期待され、優勝経験がないまま横綱に昇進。本名の北尾から名門・立浪部屋の双葉山と羽黒山を合わせた四股名（双羽黒）をもらったが、1987年12月ちゃんこの味付けをめぐり師匠の立浪親方とトラブルを起こし、仲裁に入ったおかみさんを突き飛ばして破門同然の形で廃業。優勝はなかったが、優勝次点は7回。

🐎 波瀾万丈の人生

　相撲界を離れた後、スポーツ冒険家を名乗り、タレントとして活動。1990年新日本プロレスに入団、東京ドーム大会で本名の「北尾光司」でプロレスデビュー。その後も複数の団体に参戦。総合格闘家などとして活動し、1998年引退。2003年日本相撲協会所属ではないフリーの立場ながら、立浪部屋のアドバイザーを務めた。

第61代横綱

北勝海 信芳

ほくとうみ
のぶよし

左四つ

郷土後援会

兄弟子、千代の富士と九重部屋の黄金時代を築いた

本　　　　名	保志信芳
生 年 月 日	1963 年 6 月 22 日
出　身　地	北海道広尾郡広尾町東一条
四　股　名	保志→富士若→保志→北勝海
愛　　　称	ポチ
身長・体重	181㎝ /151㎏
得　意　技	押し、左四つ、寄り
所 属 部 屋	九重
初　土　俵	1979 年 3 月場所
最 終 場 所	1992 年 3 月場所 （番付は 5 月場所）
横 綱 昇 進	1987 年 7 月場所
横綱土俵入り	雲龍型
年　寄　名	北勝海→八角
連　　　勝	20 連勝
幕 内 成 績	465 勝 206 敗 109 休 （幕内在位 52 場所）
勝　　　率	0.693

幕内優勝回数 8 回

🎏 花のサンパチトリオ

　小錦、双羽黒とともに「花のサンパチトリオ（昭和 38 年生まれ）」と呼ばれ活躍。2 人に比べ素質には恵まれなかったが、兄弟子・千代の富士の胸を借り鍛えられ、押し相撲に徹して横綱まで昇り詰め、優勝 8 回など 2 人を上回る実績を残す。1989 年 7 月場所、千代の富士と史上初の同部屋横綱同士の決定戦に敗れる。

🐗 九重部屋の黄金時代

　昭和の大横綱・千代の富士とは同じ北海道出身で、元横綱北の富士が師匠の九重部屋の兄弟弟子。千代の富士との猛稽古で横綱に昇進し、2 人で 1985 年の秋場所から千代の富士 8 回、北勝海 2 回で 10 連覇を達成した。1988 年夏場所からも千代の富士 7 回、北勝海 2 回で 9 連覇を達成し、九重黄金時代を築いた。

「昭和最後の一番」で、千代の富士の 53連勝に土をつけた

本　　　　名	青木康
生 年 月 日	1962年10月9日
出 身 地	北海道河西郡芽室町美生二線
四 股 名	青木→大ノ国→大乃国
愛　　　　称	パンダ、スイーツ親方
身 長 ・ 体 重	189cm /203kg
得 意 技	右四つ、寄り、上手投げ
所 属 部 屋	花籠→放駒
初 土 俵	1978年3月場所
最 終 場 所	1991年7月場所
横 綱 昇 進	1987年11月場所
横綱土俵入り	雲龍型
年 寄 名	大乃国→芝田山
連　　　　勝	19連勝
幕 内 成 績	426勝228敗105休 <small>(幕内在位51場所)</small>
勝　　　　率	0.651

幕内優勝回数
2回

昭和最後の一番

恵まれた体格で、明治の角聖・常陸山の再来と大きく期待された。幕内上位に昇進すると、上位キラーとして活躍。横綱に昇進してからは、皆勤で7勝8敗という15日制になってから初めて横綱が負け越すという不名誉な記録もあるが、1988年九州場所「昭和最後の一番」で、千代の富士の54連勝めに土をつけた名勝負もある。

スイーツ親方

引退後は芝田山部屋を開き、親方として指導にあたる。一方、大の甘党でも知られ「スイーツ親方」の愛称で人気に。特にケーキにこだわりを持っていて、現役時代から部屋でケーキ作りをしていたほど。2ホールくらいなら軽くたいらげるという。スイーツに関する著書もあり、テレビ番組でもスイーツのコーナーを担当していた。

第63代横綱

旭富士正也

あさひふじ せいや

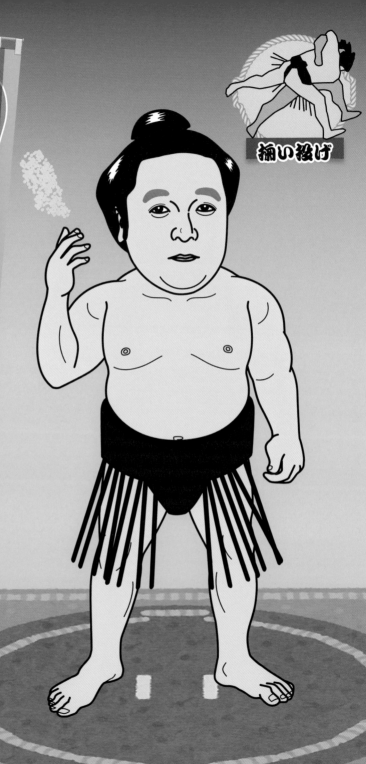

揃い投げ

「津軽なまこ」と評された
平成最初の横綱

本　　　　名	杉野森正也
生 年 月 日	1960 年 7 月 6 日
出　身　地	青森県つがる市木造曙
四　股　名	杉野森→旭富士
愛　　　称	津軽なまこ、組長
身長・体重	189㎝／143kg
得　意　技	右四つ、寄り、掬い投げ、出し投げ、肩透かし
所　属　部　屋	大島
初　土　俵	1981 年 1 月場所
最　終　場　所	1992 年 1 月場所
横　綱　昇　進	1990 年 9 月場所
横綱土俵入り	不知火型
年　寄　名	旭富士→安治川→伊勢ケ濱
連　　　勝	24 連勝
幕　内　成　績	487 勝 277 敗 35 休 (幕内在位 54 場所)
勝　　　率	0.637

幕内優勝回数 4回

🏆 優勝 4 度はすべて 14 勝 1 敗

　肩透かしや出し投げなど、他の力士には真似のできない切れ味と技で「津軽なまこ」と評された名横綱。大関 2 場所目の 1988 年初場所、14 勝 1 敗の成績で初優勝。以後、12、12、11、12、12、14、13、13 勝と、好成績を上げるも、1990 年の夏場所、名古屋場所で連続優勝まで横綱昇進は見送られた。4 度の優勝はすべて 14 勝 1 敗。

🐗 毒舌解説

　安治川親方時代、テレビ朝日「大相撲ダイジェスト」での解説があまりにも毒舌であったために話題になった。敗れた兄弟弟子の旭道山に対し「滑るんなら足袋履かなきゃいいのにね」とか、小錦にまともに挑んで敗れた三杉里に対しては「まともに当たった三杉里が悪いんですよ」など、辛辣ながら笑えるコメントで人気になった。

印象に残った力士

琴風豪規 （ことかぜ　ごうき）

最 高 位	大関
賞　　歴	幕内優勝2回　殊勲賞3回
	敢闘賞2回　技能賞1回
新 入 幕	1977年1月場所
幕内戦歴	395勝249敗80休（49場所）
得 意 技	左四つ、がぶり寄り
愛　　称	ペコちゃん

　1977年1月場所初入幕。順調に出世し、関脇まで上ったが、左ヒザを痛めて幕下まで後退。幕下30枚目まで下がった後、わずか6場所で関脇に返り咲いた。

　1981年9月場所、関脇で12勝3敗の成績を挙げ初優勝し、場所後大関に昇進。1983年1月場所で2度目の優勝を経験。最後は両ヒザを痛め、28歳で引退した。

朝潮太郎 （あさしお　たろう）

最 高 位	大関
賞　　歴	幕内優勝1　殊勲賞10回
	敢闘賞3回　技能賞1回
新 入 幕	1978年11月場所
幕内戦歴	531勝371敗33休（63場所）
得 意 技	突き、押し、左四つ、寄り切り
愛　　称	大ちゃん

　近畿大学で2年連続アマチュア横綱のタイトルを獲得し、華々しくデビュー。「大ちゃん」の愛称で親しまれた。

　破壊力抜群の突き押しで、当たりがいいときには、額が切れて血がでることがあった。チャンスに弱い面があり、大関昇進も6回目の挑戦で実現。優勝も1度経験したが、優勝決定戦で3度敗れている。

168

北天佑勝彦 （ほくてんゆう　かつひこ）

最 高 位	大関
賞　　歴	幕内優勝2回　殊勲賞2回
	敢闘賞4回　技能賞1回
新 入 幕	1980年11月場所
幕内戦歴	513勝335敗44休（60場所）
得 意 技	右四つ、下手投げ、寄り切り
愛　　称	北海の白クマ

　下積み時代から「末は横綱」と期待され順調に出世、入幕から6場所連続で勝ち越し、その後、右足首のケガで全休した以外はほとんど負け越しがなく、1983年5月場所、関脇3場所目で14勝1敗の成績で初優勝、場所後に大関に昇進した。

　1985年7月場所で2度目の優勝を経験したが、横綱にはなれなかった。

若嶋津六夫 （わかしまづ　むつお）

最 高 位	大関
賞　　歴	幕内優勝2回　敢闘賞2回
	技能賞3回
新 入 幕	1981年1月場所
幕内戦歴	356勝219敗13休（40場所）
得 意 技	左四つ、寄り切り、上手投げ
愛　　称	割り箸、南海の黒豹

　入門当時「割り箸」と言われたほど細い体で心配されたが、無理やり食べ物を詰め込んで体重を増やし、猛稽古で鍛え上げて120キロを突破。1981年1月場所、新入幕でいきなり10勝を挙げ、2年後には大関に昇進。1984年には2回優勝、一時は横綱昇進も期待された。大関時代に人気歌手の高田みづえと結婚、話題に。

印象に残った力士

多賀竜昇司

（たがりゅう　しょうじ）

最 高 位	関脇
賞　　歴	幕内優勝 1 回　敢闘賞 1 回
	技能賞 1 回
新 入 幕	1982 年 5 月場所
幕内戦歴	321 勝 407 敗 7 休（49 場所）
得 意 技	右四つ、上手出し投げ
愛　　称	ドカベン

　蔵前国技館で行われる最後の場所となった 1984 年 9 月場所、若嶋津の綱取りなるかが注目され、小錦旋風が吹き荒れた場所だったが、西前頭 12 枚目の多賀竜が 13 勝 2 敗を挙げ、あれよあれよという間に 8 年ぶり史上 19 人目となる平幕優勝を飾った。横綱北の湖の現役最後の対戦相手でもある。

逆鉾伸重

（さかほこ　のぶしげ）

最 高 位	関脇
賞　　歴	殊勲賞 5 回　技能賞 4 回
新 入 幕	1982 年 11 月場所
幕内戦歴	392 勝 447 敗 16 休（57 場所）
得 意 技	もろ差し、左四つ、寄り切り
愛　　称	─

　父親は元関脇、鶴ヶ嶺（→ p.120）の井筒親方。父譲りの「相撲巧者」と言われ、立合いから相手のふところに潜り込むのが上手く、三賞、三役の常連であった。関脇を 9 場所連続で務めていたこともあったが、2 ケタ勝利が一度もなく大関昇進はならなかった。

　兄弟 3 人で、長男は元十両の鶴嶺山、三男は元関脇寺尾（→ p.172）の相撲一家で知られた。

小錦八十吉 （こにしき　やそきち）

最 高 位	大関
賞　　歴	幕内優勝３回　殊勲賞４回 敢闘賞５回　技能賞１回
新 入 幕	1984 年 7 月場所
幕内戦歴	649 勝 476 敗 89 休（81 場所）
得 意 技	突き、押し、右四つ、寄り切り
愛　　称	ハワイの怪物、サリー、 ダンプトラック

　大相撲史上最重量関取で、285 キロを記録。初土俵から 2 年半足らずの 1984 年 9 月場所、幕内 2 場所目の西前頭 6 枚目で千代の富士、隆の里の両横綱に圧勝するなど、優勝争いを演じ「小錦旋風」を巻き起した。1987 年 5 月場所後に史上初の外国人大関に。右ヒザを痛めなければ、横綱間違いなしと言われた。

霧島一博 （きりしま　かずひろ）

最 高 位	大関
賞　　歴	幕内優勝１回　殊勲賞３回 敢闘賞１回　技能賞４回
新 入 幕	1984 年 7 月場所
幕内戦歴	518 勝 507 敗 40 休（71 場所）
得 意 技	左四つ、吊り出し、うっちゃり、 出し投げ
愛　　称	和製ヘラクレス、 角界のアラン・ドロン

　幕内上位の壁をなかなか突破できずにいたが、卵とバナナが大量に入った特製ドリンクを取りながら筋力トレーニングで肉体改造に成功、別人のように強くなり、1990 年 3 月場所後に 31 歳で大関に昇進。同期生には大関若嶋津がいたが、引退して 3 年が経っていた。ライバル小錦との対戦成績は 19 勝 19 敗の互角だった。

印象に残った力士

水戸泉眞幸 （みといずみ　まさゆき）

最高位	関脇
賞　歴	幕内優勝１回　殊勲賞１回
	敢闘賞６回
新入幕	1984 年 9 月場所
幕内戦歴	530 勝 556 敗 99 休（79 場所）
得意技	左四つ、寄り切り、吊り出し
愛　称	ソルトシェイカー

　時間いっぱいになると、塩を大量につかんで、天井目がけて撒くパフォーマンスで人気に。1991 年に行われたロンドン公演でも、このパフォーマンスが話題となり「ソルトシェイカー」のニックネームで呼ばれた。1992 年 7 月場所、西前頭筆頭で 13 勝 2 敗の成績で初優勝。1988 年 7 月場所、霧島との一番での 3 度の物言いが有名。

寺尾常史 （てらお　つねふみ）

最高位	関脇
賞　歴	殊勲賞３回　敢闘賞３回
	技能賞１回
新入幕	1985 年 3 月場所
幕内戦歴	626 勝 753 敗 16 休（93 場所）
得意技	突っ張り、右四つ
愛　称	俵の鉄人、タイフーン、アビ

　井筒 3 兄弟の末弟。速い回転の突っ張り、いなし、下手投げなど、キビキビとした取り口でファンを魅了、ハンサムだったことから特に若い女性に人気があった。

　1991 年 3 月場所、貴花田（後の横綱貴乃花）との初対戦で敗れ、さがりを叩きつける悔しさを見せ、引退会見で「今まで一番悔しかった取組」としてこの一番を挙げている。

益荒雄宏夫 (ますらお　ひろお)

最 高 位	関脇
賞　歴	殊勲賞2回　敢闘賞2回
	技能賞1回
新 入 幕	1985年9月場所
幕内戦歴	111勝125敗64休（20場所）
得 意 技	右四つ、下手投げ
愛　称	白いウルフ

　差し身の鋭い速攻相撲を得意とし、1987年3月場所では双羽黒、千代の富士両横綱と4大関、続く5月場所でも両横綱他を連破して「益荒雄旋風」を巻き起した。

　この活躍が社会現象にもなり、ニックネームを募集し、「白いウルフ」とよばれた。だが、活躍もここまでで、両ヒザを痛めてしまい、益荒雄時代は短かった。

安芸乃島勝巳 (あきのしま　かつみ)

最 高 位	関脇
賞　歴	殊勲賞7回　敢闘賞8回
	技能賞4回
新 入 幕	1988年3月場所
幕内戦歴	647勝640敗78休（91場所）
得 意 技	左四つ、寄り切り
愛　称	アキちゃん

　典型的な上位キラーで知られ、金星獲得は高見山の12個を抜く歴代最多の16個を数える。度重なるケガで大関昇進どころか、三役定着もできなかったが対戦した横綱すべてから金星を獲得した。

　二子山部屋と合併前の藤島部屋のリーダー的存在で、若貴らを引っ張ったことで知られる。

第64代横綱
曙 太郎

あけぼの たろう

突っ張り

174

外国出身初の横綱。
長野冬季五輪の開会式では
土俵入りを披露

本　　　　名	ローウェン・チャド・ジョージ・ハヘオ→曙太郎
生 年 月 日	1969 年 5 月 8 日
出　身　地	アメリカ合衆国ハワイ州オアフ島ワイマナロ
四　股　名	大海→曙
愛　　　称	チャド、ボノ
身長・体重	204cm /227kg
得　意　技	突っ張り、押し、右四つ、寄り
所 属 部 屋	東関
初　土　俵	1988 年 3 月場所
最 終 場 所	2001 年 1 月場所
横 綱 昇 進	1993 年 3 月場所
横綱土俵入り	雲龍型
年 寄 名	曙（2003 年 11 月退職）
連　　　勝	16 連勝
幕 内 成 績	566 勝 198 敗 181 休（幕内在位 63 場所）
勝　　　率	0.741

幕内優勝回数 11 回

🎌 外国出身初の横綱

　2 メートル、200 キロを超える巨体で、長いリーチを生かした破壊力抜群の突っ張りで、外国出身初の横綱に昇進。同期の貴乃花、若乃花と数々の名勝負を演じた。横綱昇進後は、四つ相撲にも安定した力を発揮し「曙時代」到来かと思われたが、ヒザの故障などに悩まされた。優勝 11 回。引退後はプロ格闘家に転身。

🐗 後のスーパースターを励ます

　1991 年、温泉で涙ぐんでいた野球少年にどうしたの？ と声をかけた。少年は「僕のせいでチームが負けてしまったんです」と答えた。曙は「負けて覚える相撲かなという言葉がある。僕だって負けた日はがっかりするけど勝ちっぱなしの人生なんて存在しないよ」と励ました。少年はお礼を言い帰って行った。その少年は、後のイチローだった。

第65代横綱

貴乃花 光司

たかのはな
こうじ

上手投げ

「若貴フィーバー」で大相撲ブームの主役に立ち、優勝 22 回を記録

本　　　　名	花田光司
生 年 月 日	1972 年 8 月 12 日
出　身　地	東京都中野区本町
四　股　名	貴花田→貴ノ花→貴乃花
愛　　　称	平成の大横綱
身長・体重	185cm /154kg
得　意　技	突っ張り、右四つ、左四つ、寄り、上手投げ
所　属　部　屋	藤島→二子山
初　土　俵	1988 年 3 月場所
最　終　場　所	2003 年 1 月場所
横　綱　昇　進	1995 年 1 月場所
横綱土俵入り	雲龍型
年　寄　名	貴乃花 (一代年寄) (2018 年 10 月退職)
連　　　勝	30 連勝
幕　内　成　績	701 勝 217 敗 201 休 (幕内在位 75 場所)
勝　　　率	0.764

幕内優勝回数 22 回

若貴フィーバー

「角界のプリンス」と呼ばれた昭和の人気大関だった貴ノ花利彰の次男。十両昇進（17 歳 2 ヵ月）、新入幕（17 歳 8 ヵ月）、幕内初優勝（19 歳 5 ヵ月）、大関昇進（20 歳 5 ヵ月）など、最年少記録を次々と塗り替え、兄（若乃花）とともに「若貴フィーバー」を巻き起こし、平成前半の大相撲ブームの頂点に立った。

武蔵丸との優勝決定戦

最後の優勝となった 2001 年 5 月場所、初日から 13 連勝で優勝確実といわれていたが、14 日目の武双山戦で右ヒザを負傷。相撲を取れる状態ではなかったが、強行出場で武蔵丸戦に挑むが本割で敗れて優勝決定戦に持ち込まれた。決定戦では武蔵丸を上手投げで降して優勝。表彰式で当時の小泉首相が残した「感動した！」は名言として語りつがれる。

おっつけ

第66代横綱

若乃花 勝

わかのはな まさる

「お兄ちゃん」の愛称で親しまれ 史上初の兄弟横綱を達成

本　　　　名	花田勝	
生 年 月 日	1971 年 1 月 20 日	
出　身　地	東京都中野区本町	
四　股　名	若花田→若ノ花→若乃花	
愛　　　　称	お兄ちゃん	
身 長・体 重	181㎝ /131kg	
得　意　技	おっつけ、左四つ、寄り	
所　属　部　屋	藤島→二子山	
初　土　俵	1988 年 3 月場所	
最　終　場　所	2000 年 3 月場所	
横　綱　昇　進	1998 年 7 月	
横綱土俵入り	不知火型	
年　寄　名	藤島（2000 年 12 月退職）	
連　　　　勝	14 連勝	
幕　内　成　績	487 勝 250 敗 124 休（幕内在位 58 場所）	
勝　　　　率	0.661	

幕内優勝回数 5 回

両親

　高校中退後、弟（当時の貴花田）と父親である藤島親方の藤島部屋に入門。その時、「これから先は親が死んだ時以外は絶対に泣くな」と親方から言われた。

　1993 年春場所、小結で 14 勝 1 敗の好成績を上げ初優勝。母親に優勝の挨拶をした時に「小さい体でよく頑張ったね」と言われ、一緒に泣いた。

史上初の兄弟横綱

　「お兄ちゃん」の愛称で親しまれ、小兵ながら強靭な足腰と天性の相撲のうまさを持ち、強さが加わり優勝 5 回を記録。

　1995 年九州場所の優勝決定戦では初の兄弟対決、弟の貴乃花を破り賜杯を手にした。1998 年、春、夏と連続優勝して、史上初の兄弟同時横綱を達成した。引退後は花田虎上の名でタレントとして活躍。

右四つ

第67代横綱

武蔵丸 光洋

むさしまる こうよう

180

歴代1位の55場所連続勝ち越しの記録を持つ、史上2人目の外国出身横綱

本　　　名	フィアマル・ペニタニ→武蔵丸光洋
生 年 月 日	1971年5月2日
出 　身　 地	アメリカ合衆国ハワイ州オアフ島ワイアナエ
四 　股　 名	武蔵丸
愛　　　称	マルちゃん、西郷さん
身長・体重	191cm／223kg
得 　意　 技	突き、押し、右四つ
所 　属　 部屋	武蔵川
初 　土　 俵	1989年9月場所
最 　終　 場所	2003年11月場所
横 綱 昇 進	1999年7月場所
横綱土俵入り	雲龍型
年 　寄　 名	武蔵丸→振分→大島→武蔵川
連　　　勝	22連勝
幕 内 成 績	706勝267敗115休（幕内在位73場所）
勝　　　率	0.726

幕内優勝回数 12回

🏆 ハワイ出身横綱最多のV12

西郷隆盛を思わせる風貌で親しまれた武蔵丸。ハワイ出身の先輩力士、小錦や曙が相手にイナされるともろい部分があったのに対して、押しの威力は勿論、組んでも相撲に安定感があった。

1999年夏場所、2場所連続5度目の優勝で横綱に昇進。昇進後も7回賜杯を抱き、優勝は計12回。連続勝ち越し55場所は歴代1位。

🐂 怪力エピソード

打撃の威力を計測するというテレビ番組の企画で、張り手で1トン以上（1150kg）を記録し、立ち合いの威力では2トン以上（2280.5kg）を記録した。

軽量力士と対戦するときは、相手の身体を考えて張り手は一切使わなかった。舞の海（→ p.183）は、武蔵丸と対戦する時「これで人生が終わるかも」と覚悟して挑んでいたという。

琴錦幼宗 （ことにしき　かつひろ）

最 高 位	関脇
賞　　歴	幕内優勝 2 回　殊勲賞 7 回
	敢闘賞 3 回　技能賞 8 回
新 入 幕	1989 年 5 月場所
幕内戦歴	506 勝 441 敗 43 休（66 場所）
得 意 技	もろ差し、寄り切り、突き、押し
愛　　称	F1 相撲、若貴キラー

　立ち合いのもの凄いダッシュ力、押しの取り口は「F1 相撲」と呼ばれた。初優勝を飾った 1991 年 9 月場所千秋楽の舞の海戦では、約 1 秒で迷うことなく一気に押し出した。関脇は通算 21 場所務め、2 度の平幕優勝は史上初の快挙。

　10 年以上幕内で活躍し、5 割以上の勝率は並の大関以上の実力と言われた。

貴闘力忠茂 （たかとうりき　ただしげ）

最 高 位	関脇
賞　　歴	幕内優勝 1 回　殊勲賞 3 回
	敢闘賞 10 回　技能賞 1 回
新 入 幕	1990 年 9 月場所
幕内戦歴	505 勝 500 敗（67 場所）
得 意 技	突き、押し、二丁投げ
愛　　称	曙キラー

　強烈な張り手を得意とし、突き、押しなど闘志あふれる取り口で上位陣に強く三役の常連だった。

　2000 年 3 月場所 13 勝 2 敗で史上初の幕尻による優勝を達成。初土俵から所要 102 場所での幕内優勝だった。

　敢闘賞は史上最多の 10 回受賞。金星 10 個中、横綱曙から 7 個獲得している。

琴ノ若晴将 （ことのわか　てるまさ）

最 高 位	関脇
賞　　歴	殊勲賞2回　敢闘賞5回
新 入 幕	1990年11月場所
幕内戦歴	608勝657敗84休（90場所）
得 意 技	右四つ、寄り切り、上手投げ
愛　　称	ミスター1分

　192センチ、176キロの恵まれた大柄な体型で早くから注目されていた。大関昇進を期待されたが、故障が多く実現できなかった。相撲が遅いのが難点で「ミスター1分」と呼ばれたことも。

　甘いマスクで人気があり、とくに女性ファンが多かった。幕内で90場所を務め、存在感をアピールした。

舞の海秀平 （まいのうみ　しゅうへい）

最 高 位	小結
賞　　歴	技能賞5回
新 入 幕	1991年9月場所
幕内戦歴	241勝287敗12休（36場所）
得 意 技	左四つ、下手投げ、内無双
愛　　称	技のデパート、平成の牛若丸

　入門時、身長が足りず、頭に一時的にシリコンを入れた話は有名。八艘跳び、三所攻め、猫だましなど、多彩な技で相手を倒すその取り口から「技のデパート」「平成の牛若丸」と呼ばれた。「小よく大を制する」の言葉にまさにふさわしく、技能賞を5回受賞。引退後はタレント、大相撲解説者でも人気に。

印象に残った力士

貴ノ浪貞博

(たかのなみ　さだひろ)

最高位	大関
賞　歴	幕内優勝 2 回　敢闘賞 3 回
新入幕	1991 年 11 月場所
幕内戦歴	647 勝 473 敗 8 休（76 場所）
得意技	左四つ、寄り切り、河津掛け
愛　称	貴にょ浪、UFO キャッチャー

　197 センチの長身で懐が深く、相手にもろ差しを許す展開から両腕をがっちり抱え込んで振り回す豪快な取り口は「UFO キャッチャー」と呼ばれた。

　1994 年 1 月場所後にライバルの武蔵丸と同時に大関昇進。2 回の優勝は、ともに横綱貴乃花との同部屋決定戦。横綱も期待されたが、足首を痛めて最後は平幕へ。

魁皇博之 (かいおう　ひろゆき)

最高位	大関
賞　歴	幕内優勝 5 回　殊勲賞 10 回
	敢闘賞 5 回
新入幕	1993 年 5 月場所
幕内戦歴	879 勝 581 敗 141 休(107 場所)
得意技	左四つ、寄り切り、上手投げ
愛　称	キンタ（金太郎の意味）

　横綱白鵬に破られるまで通算最多 1047 勝、幕内在位最多 107 場所などの記録を作った戦後最年長大関。

　大関以下での優勝は最多の 5 回を記録したが、優勝の翌場所は結果を残せず横綱昇進は果たせなかった。

　怪力伝説もいくつかあり、リンゴを片手で握り潰せるというエピソードもある。

智乃花伸哉 (とものはな　しんや)

最高位	小結
賞　歴	技能賞２回
新入幕	1993 年 7 月場所
幕内戦歴	104 勝 121 敗 15 休（16 場所）
得意技	右四つ、下手投げ、下手ひねり
愛　称	先生

　日本大学の後輩、舞の海の活躍に刺激され、高校教師の職を投げ打ち、27 歳で入門した。妻子持ちだったこともあり、マスコミでもこぞって特集が組まれるなど注目を浴びた。スピード出世で幕内に上がり、負け越し知らずのまま小結に昇進。

　舞の海とともに小兵の技能力士として人気を集めた。

武双山正士 (むそうやま　まさし)

最高位	大関
賞　歴	幕内優勝１回　殊勲賞５回 敢闘賞４回　技能賞４回
新入幕	1993 年 9 月場所
幕内戦歴	520 勝 367 敗 122 休（68 場所）
得意技	突き、押し、左四つ、寄り切り
愛　称	平成の怪物

　アマチュア相撲の名選手だった父親から相撲の英才教育を受け、専修大学 3 年の時にアマチュア横綱を獲得。入門からわずか 5 場所で幕内に昇進。「平成の怪物」と呼ばれ、すぐに大関かと言われたが、怪我の影響もあり一時低迷。幕内 40 場所目にして大関に昇進した。昇進前の 2000 年 1 月場所で初優勝を飾っている。

朝青龍 明徳

あさしょうりゅう
あきのり

左四つ

186

7場所連続優勝、年間完全制覇を達成した初のモンゴル出身横綱

本　　　　名	ドルゴルスレン・ダグワドルジ
生 年 月 日	1980 年 9 月 27 日
出　身　地	モンゴル国ウランバートル市
四　股　名	朝青龍
愛　　　称	ドルジ
身長・体重	184㎝ /148kg
得　意　技	左四つ、寄り、突っ張り、投げ
所 属 部 屋	若松→高砂
初　土　俵	1999 年 1 月場所
最 終 場 所	2010 年 1 月場所
横 綱 昇 進	2003 年 3 月場所
横綱土俵入り	雲龍型
年　寄　名	―
連　　　勝	35 連勝
幕 内 成 績	596 勝 153 敗 76 休（幕内在位 55 場所）
勝　　　率	0.796

幕内優勝回数 25 回

🔌 数々の記録

初土俵から 25 場所での横綱昇進は年 6 場所制になって以降最速。抜群の運動神経を生かしたスピード相撲で優勝回数 25 回は白鵬、大鵬、千代の富士に次ぐ歴代 4 位。2004 年 11 月場所から大鵬の記録を抜く 7 場所連続優勝。2005 年の年間 6 場所すべて優勝は大相撲史上初の快挙。同年、年間 84 勝で北の湖の年間最多勝 82 勝を超えた（のちに白鵬が 86 勝を記録）。

🐂 品格問題

横綱に昇進してから力量とは対照的に、常に品格問題がつきまとった。2007 年 7 月場所後、地方巡業に不参加、モンゴルに無断帰国しサッカーに興じていたことが発覚、相撲協会から 2 場所連続出場停止処分を受けたり、勝利直後に土俵上でのガッツポーズが横綱審議委員会などから品格の観点から問題視された。2010 年、泥酔暴行問題で自ら引退した。

印象に残った力士

千代大海龍二 （ちよたいかい　りゅうじ）

最高位	大関
賞　歴	幕内優勝 3 回　殊勲賞 1 回 敢闘賞 1 回　技能賞 3 回
新入幕	1997 年 9 月場所
幕内戦歴	597 勝 402 敗 115 休（75 場所）
得意技	突き出し、押し出し
愛　称	ツッパリ大関、角界の番長

　中学時代は地元大分で有名なヤンキーだった。九重部屋への入門を志願した時、憧れの九重親方（元千代の富士）に「頭をなんとかしてこい」と言われ丸坊主に。

　お笑い芸人のオセロ松嶋尚美が、千代大海の初優勝に対して「何の大会？」と本気で言ったらしい。大関在位は 65 場所で魁皇と並んで歴代 1 位。

旭天鵬勝

（きょくてんほう　まさる）

最高位	関脇
賞　歴	幕内優勝 1 回　敢闘賞 7 回
新入幕	1998 年 1 月場所
幕内戦歴	697 勝 773 敗 15 休（99 場所）
得意技	右四つ、寄り切り、上手投げ
愛　称	角界のレジェンド

　2012 年 5 月場所、千秋楽で栃煌山と平幕同士での優勝決定戦に叩き込みで勝利。初土俵から苦節 20 年、史上最年長の 37 歳 8 か月で幕内初優勝を記録。涙を流す旭天鵬を、花道で部屋の力士たちまでもが感激の涙を流して出迎えた光景が印象的だった。2015 年 5 月場所では幕内勝ち越しの史上最年長を記録（40 歳 8 か月 10 日）。

出島武春 （てじま たけはる）

最 高 位	大関
賞 歴	幕内優勝1回　殊勲賞3回
	敢闘賞4回　技能賞3回
新 入 幕	1997年3月場所
幕内戦歴	546勝478敗98休（75場所）
得 意 技	押し出し、右四つ、寄り切り
愛 称	美白力士、出る出る出島

　鋭い出足から一気に攻める速攻相撲で、四股名に因んで「出る出る出島」と称された。また、肌が白かったことから、当時の美白ブームから「美白力士」と呼ばれた。

　1999年7月場所、13勝2敗の成績を挙げ、横綱曙との優勝決定戦を制して初優勝。場所後、大関に昇進したが、足の故障などから12場所で陥落した。

雅山哲士 （みやびやま てつし）

最 高 位	大関
賞 歴	殊勲賞2回　敢闘賞5回
	技能賞1回
新 入 幕	1999年3月場所
幕内戦歴	599勝563敗68休（82場所）
得 意 技	右四つ、寄り切り
愛 称	20世紀最後の大物

　入門からいきなり幕下2場所、十両2場所を連続優勝、わずか5場所で入幕。あまりにも速過ぎる昇進のために大銀杏を結えず、幕内でも快進撃が止まらなかったので「20世紀最後の怪物」と呼ばれた。

　2000年5月場所後に大関昇進。横綱も期待されたが、足の負傷などでわずか8場所で陥落した。

印象に残った力士

琴欧洲勝紀 （ことおうしゅう　かつのり）

最 高 位	大関
賞 歴	幕内優勝1回　殊勲賞2回 敢闘賞3回
新 入 幕	2004年9月場所
幕内戦歴	466勝322敗63休（57場所）
得 意 技	右四つ、寄り切り、上手投げ
愛 称	角界のベッカム

　ブルガリア出身初の大相撲力士。四股名に「琴」がつく佐渡ケ嶽部屋に入門、ヨーロッパ出身ということで「琴欧州（洲）」と命名。当時、本人はほとんど日本語がわからなかったため、四股名の意味すら知らなかった。入門から19場所での大関昇進は年6場所が定着した1958年以降では幕下付出しを除いて史上最速。

琴光喜啓司 （ことみつき　けいじ）

最 高 位	大関
賞 歴	幕内優勝1回　殊勲賞2回 敢闘賞4回　技能賞7回
新 入 幕	2000年5月場所
幕内戦歴	492勝343敗50休（59場所）
得 意 技	右四つ、寄り切り、内無双
愛 称	―

　2000年11月場所、新入幕でいきなり13勝2敗の好成績を挙げ、三賞を総ナメ。

　2001年1月場所で早くも関脇に昇進した。すぐに大関昇進かと言われたが、その後は三役で足踏みし、2007年9月場所でようやく大関昇進。年6場所制以降では史上最年長の新大関だった。2010年7月、野球賭博問題で解雇処分になった。

栃東大裕 <small>（とちあずま　だいすけ）</small>

最 高 位	大関
賞　　歴	幕内優勝 3 回　殊勲賞 3 回 敢闘賞 2 回　技能賞 7 回
新 入 幕	1996 年 11 月場所
幕内戦歴	483 勝 296 敗 166 休（63 場所）
得 意 技	押し出し、右四つ、寄り切り
愛　　称	技の男

　魁皇と並び最も横綱に近い大関と言われたが、たびたび怪我に泣かされて横綱の夢はかなわなかった。怪我を繰り返し大関陥落を 2 度も経験したが、すぐに大関復活。2006 年 1 月場所 3 度目の優勝。この優勝から 2016 年 1 月場所で琴奨菊が優勝するまで、日本出身力士の幕内優勝は 10 年間出なかった。

高見盛精彦 <small>（たかみさかり　せいけん）</small>

最 高 位	小結
賞　　歴	殊勲賞 1 回　敢闘賞 2 回 技能賞 2 回
新 入 幕	2000 年 7 月場所
幕内戦歴	408 勝 446 敗 16 休（58 場所）
得 意 技	右四つ、寄り切り、後ろもたれ
愛　　称	角界のロボコップ

　取組前に、土俵上で顔や胸を拳で叩く独特なパフォーマンスで多くのファンを魅了。勝ったときは反り返るほど胸を張って堂々と花道を歩き、負けたときは肩を落とし泣き顔で下を向いて花道を退く姿など、独特のキャラで横綱大関を上回るほどの人気ぶりだった。永谷園など数多くの CM にも出演した。

優勝回数、通算勝利数など、数々の記録を更新する最強横綱

本　　　名	ムンフバト・ダヴァジャルガル→白鵬翔
生 年 月 日	1985 年 3 月 11 日
出　身　地	モンゴル国ウランバートル市
四　股　名	白鵬
愛　　　称	平成の大横綱
身長・体重	192㎝ /153㎏
得　意　技	右四つ、左上手投げ
所　属　部　屋	宮城野
初　土　俵	2001 年 3 月場所
最　終　場　所	―
横　綱　昇　進	2007 年 7 月場所
横綱土俵入り	不知火型
年　寄　名	―
連　　　勝	63 連勝
幕 内 成 績	1066 勝 195 敗 164 休 (幕内在位 95 場所) ※
勝　　　率	0.845 ※

幕内優勝回数 44 回 ※

(※ 2020 年 6 月末現在)

👣 入門時

2000 年 15 歳の時、モンゴル出身の旭鷲山を頼って来日。一緒に来た仲間は引き取ってくれる相撲部屋があったが、白鵬はどこからも声がかからず、諦めて帰ろうとしたところ、帰国前日に宮城野部屋の入門が決まった。入門当時の白鵬は身長 175cm、体重 68kg という小柄な体で、宮城野親方も大きな期待はしていなかったという。

🐗 東日本大震災

2011 年 3 月 11 日、東日本大震災に見舞われたとき、自身 26 歳の誕生日でもあった白鵬は、被害状況を知るとすぐに行動を取った。横綱として力士の先頭に立ち、被災した各地を訪れ、炊き出しや土俵入りを行って励ました。白鵬が土俵入りをした後、それまで続いていた余震がピタッと収まり感謝されたこともあったという。

第70代横綱

日馬富士 公平

はるまふじ

こうへい

「全身全霊」の相撲で
モンゴル出身3人目の横綱に

本　　　名	ダワーニャム・ビャンバドルジ
生 年 月 日	1984年4月14日
出 身 地	モンゴル国ゴビアルタイ
四 股 名	安馬→日馬富士
愛　　　称	ヒマ、アマ
身 長・体 重	186cm／133kg
得 意 技	突っ張り、左四つ、寄り
所 属 部 屋	安治川→伊勢ケ濱
初 土 俵	2001年1月場所
最 終 場 所	2017年11月場所
横 綱 昇 進	2012年11月場所
横綱土俵入り	不知火型
年 寄 名	―
連　　　勝	32連勝
幕 内 成 績	712勝373敗85休（幕内在位78場所）
勝　　　率	0.656

幕内優勝回数
9回

🏆 軽量ながら優勝9回

　2001年初場所で「安馬（あま）」の四股名で初土俵。猛稽古でスピード出世し、2009年に新大関となって改名。2012年にモンゴル出身3人目の横綱に昇進。幕内で一、二を争う軽量力士だったが、突き刺さるような出足から相手を一気に持っていく闘争心あふれる取り口で優勝9回を記録。2017年貴ノ岩に対する傷害事件の責任を取って引退。

🍶 趣味

　趣味は絵画。油絵が得意で、小学生時代、絵のコンクールで入賞した経験もあり、モットーの「全身全霊」の如く、何時間も黙って描き続ける集中力があるという。2015年には東京・銀座の画廊で絵画展を開くほどの腕前をもつ。また、酒好きでも有名で、3時間で3升半飲んだこともあるといわれている。

第71代横綱

鶴竜 力三郎

かくりゅう
りきさぶろう

正統派の相撲で
史上 4 人目のモンゴル出身横綱に

本　　　　名	マンガラジャラブ・アナンダ
生 年 月 日	1985 年 8 月 10 日
出 身 地	モンゴル国スフバートル
四 股 名	鶴竜
愛　　　　称	ワンワン
身長・体重	186㎝ /151kg
得 意 技	突っ張り、右四つ、下手投げ
所 属 部 屋	井筒→陸奥
初 土 俵	2001 年 11 月場所
最 終 場 所	―
横 綱 昇 進	2014 年 5 月場所
横綱土俵入り	雲龍型
年 寄 名	―
連　　　　勝	16 連勝
幕 内 成 績	645 勝 392 敗 163 休 (幕内在位 80 場所) ※
勝　　　　率	0.622

幕内優勝回数 6 回 ※

(※ 2020 年 6 月末現在)

相撲協会に売り込み

　バスケットボールに熱中していたが、テレビの相撲中継を観て、旭鷲山や旭天鵬の活躍に刺激を受ける。モンゴル相撲の経験もなかったが、相撲協会に「力士になりたい」と売り込みの手紙を送り、その熱意が伝わり、井筒部屋に入門が決まった。入門当時は体重が 65 キロしかなく、最初、井筒親方は「床山としてなら」と思ったという。

横綱昇進

　2014 年 1 月場所、千秋楽で単独トップの白鵬を破り優勝決定戦に持ち込むも、決勝戦では白鵬に敗れ優勝は逃したが 14 勝 1 敗の好成績を記録。翌 3 月場所、千秋楽で琴奨菊を破り、14 勝 1 敗で初優勝を決めて横綱昇進。

　モンゴル出身力士では 4 人目、井筒部屋からは大正時代の 3 代目・西ノ海以来の横綱誕生となった。

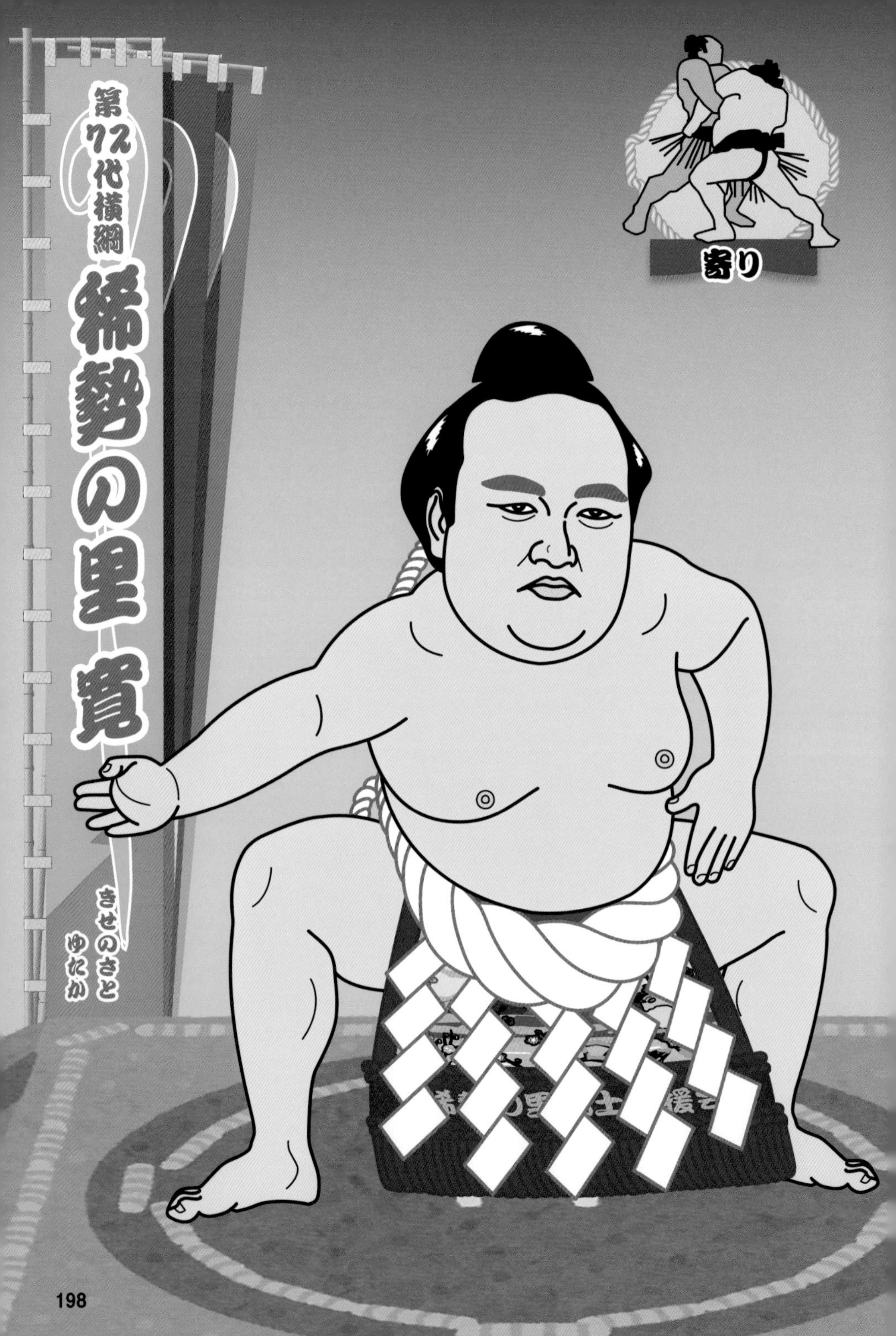
第72代横綱
稀勢の里 寛
きせのさと ゆたか
寄り

若乃花以来、19 年ぶりの日本人横綱も、昇進後はケガで苦難の土俵人生に終わる

本　　　名	萩原寛
生 年 月 日	1986 年 7 月 3 日
出 身 地	茨城県牛久市さくら台
四 股 名	萩原→稀勢の里
愛　　　称	キセノン
身 長・体 重	187cm /175kg
得 意 技	突き、左四つ、寄り、押し
所 属 部 屋	鳴戸→田子ノ浦
初 土 俵	2002 年 3 月場所
最 終 場 所	2019 年 1 月場所
横 綱 昇 進	2017 年 3 月場所
横綱土俵入り	雲龍型
年 寄 名	荒磯
連　　　勝	18 連勝
幕 内 成 績	714 勝 453 敗 97 休 （幕内在位 85 場所）
勝　　　率	0.612

幕内優勝回数 2回

🏆 63 連勝の白鵬を止める

　2010 年九州場所 2 日目、ここまで 63 連勝と、双葉山の不滅の記録 69 連勝に肉薄していた白鵬を寄り切りで破り歴史に残る一番を決めた（当時、前頭筆頭）。その日の朝、鳴戸親方からいろいろと指導された後、最後に「勝ってもガッツポーズするなよ」と言われたという。引退後、思い出の一番もこの取り組みを上げている。

🐴 新横綱で奇跡の逆転優勝

　2017 年の初場所で初優勝を決め、横綱に昇進。新入幕から 73 場所の横綱昇進は史上最遅。新横綱の 3 月場所は初日から 12 連勝と好調だったが、13 日目に日馬富士に敗れ左上腕部を負傷。大関照ノ富士に 1 差リードを許す形で千秋楽を迎え、まったく左腕が使えない状況で本割、優勝決定戦と連勝し、奇跡の逆転優勝を決めた。

印象に残った力士

琴奨菊和弘 (ことしょうぎく　かずひろ)

琴奨菊

最高位	大関
賞　歴	幕内優勝 1 回　殊勲賞 3 回 技能賞 4 回
新入幕	2005 年 1 月場所
幕内戦歴	708 勝 604 敗 38 休（90 場所）※
得意技	左四つ、寄り切り
愛　称	琴バウアー、ボロ奨菊（怪我だらけで）

　取組直前に体を大きく後ろに反らすポーズが有名。集中力を高めるためのルーティンで、荒川静香の「イナバウアー」にひっかけ「琴バウアー」と呼ばれた。

　2016 年 1 月場所、日本出身力士として 10 年ぶりとなる幕内優勝を飾ったが、1 年後に大関の地位から陥落。下戸で、奈良漬でも酔ってしまうほど。

豪栄道豪太郎 (ごうえいどう　ごうたろう)

豪栄道

最高位	大関
賞　歴	幕内優勝 1 回　殊勲賞 5 回 敢闘賞 3 回　技能賞 3 回
新入幕	2007 年 9 月場所
幕内戦歴	587 勝 442 敗 66 休（73 場所）
得意技	右四つ、出し投げ、首投げ
愛　称	GAD（GOU A DOU）

　入門前は高校横綱、世界ジュニア相撲選手権大会優勝など、タイトルを 11 個獲得。新入幕で 11 勝 4 敗の好成績を挙げ、大関を期待されたが伸び悩み、史上 1 位となる関脇在位連続 14 場所後、大関に昇進。昇進後、何度もカド番を繰り返したが、2016 年 9 月場所で全勝優勝を飾る。2020 年 1 月場所後に引退。

200

(※ 2020 年 6 月末現在)

把瑠都凱斗 （ばると　かいと）

最 高 位	大関
賞 歴	幕内優勝 1 回　殊勲賞 1 回 敢闘賞 5 回　技能賞 1 回
新 入 幕	2006 年 5 月場所
幕内戦歴	330 勝 197 敗 88 休（41 場所）
得 意 技	右四つ、寄り、投げ、吊り
愛 称	角界のデカプリオ、 エストニアの怪人

　大相撲初のエストニア出身の力士。豪快な
取り口で「エストニアの怪人」の異名を持つ。
四股名の把瑠都は母国のバルト海に由来。
2006 年 3 月場所、北の富士以来 43 年ぶりの十両全勝優勝で翌場所新入幕。その後左ヒザの
ケガで陥落するもすぐ復活。2010 年 3 月場所後に大関昇進。優勝したが、ケガで陥落した。

栃ノ心剛史 （とちのしん　つよし）

最 高 位	大関
賞 歴	幕内優勝 1 回　殊勲賞 2 回 敢闘賞 6 回　技能賞 3 回
新 入 幕	2008 年 5 月場所
幕内戦歴	452 勝 453 敗 55 休（64 場所）※
得 意 技	右四つ、寄り、上手投げ、吊り
愛 称	角界のニコラス・ケイジ

　ソ連からの独立国ジョージア出身力士。
2008 年 5 月に新入幕。幕内で勝ち越し負け
越しを繰り返し、ヒザのケガで幕下まで落ち
た。徹底的に下半身を鍛え上げ、幕内に復活。
前頭 3 枚目で迎えた 2018 年 1 月場所、14 勝 1 敗の成績で初優勝を飾る。同年 5 場所、13
勝 2 敗で場所後に大関に昇進したが、2 度に渡り大関を陥落。

印象に残った力士

高安晃

（たかやす　あきら）

最 高 位	大関
賞 歴	殊勲賞3回　敢闘賞4回
	技能賞2回
新 入 幕	2011年7月場所
幕内戦歴	397勝322敗76休（53場所）※
得 意 技	突き、押し、左四つ、寄り切り
愛 称	クマちゃん

　舛ノ山と共に平成生まれ初の幕内力士。身長189cm、体重170kgのめぐまれた体格で、押し相撲を得意とする。入幕から5年後の2016年7月場所、小結で11勝を挙げてから三役で安定するようになり、2017年5月場所後に大関に昇進。しかし、腰痛の悪化などが原因で大関在位15場所で陥落した。

遠藤聖大

（えんどう　しょうた）

最 高 位	小結
賞 歴	殊勲賞1回　敢闘賞1回
	技能賞3回
新 入 幕	2013年9月場所
幕内戦歴	281勝274敗30休（39場所）※
得 意 技	左四つ、寄り
愛 称	－

　日大相撲部出身で、2012年度のアマチュア横綱。2013年7月場所、新十両に昇進していきなり14勝1敗で優勝を飾り、この一場所で十両を通過。幕下付出しから史上最速の所要3場所での新入幕で、話題となった。大関、横綱を期待されたが、幕内上位の壁を破れずにいる。ハンサムで女性のファンが多い。

貴景勝光信 （たかけいしょう　みつのぶ）

最 高 位	大関
賞　　歴	幕内優勝 1 回　殊勲賞 3 回
	敢闘賞 2 回　技能賞 2 回
新 入 幕	2017 年 1 月場所
幕内戦歴	167 勝 106 敗 27 休（20 場所）※
得 意 技	突き、押し
愛　　称	芦屋の暴れん坊

　父親が貴乃花ファンだったため、本名の貴信の「貴」は貴乃花から。入門も迷わず貴乃花部屋を選んだ。しかし、2018 年 9 月場所後、貴乃花親方が相撲協会を退職。千賀ノ浦部屋へ移籍したばかりの 2018 年 11 月場所、小結で 13 勝 2 敗の成績を挙げ初優勝。平成最後の 2019 年 3 月場所後に大関に昇進した。

朝乃山英樹 （あさのやま　ひでき）

最 高 位	大関
賞　　歴	幕内優勝 1 回　殊勲賞 2 回
	敢闘賞 3 回　技能賞 1 回
新 入 幕	2017 年 9 月場所
幕内戦歴	139 勝 101 敗（16 場所）※
得 意 技	右四つ、寄り切り、上手投げ
愛　　称	―

　令和最初の 2019 年 5 月場所、12 勝 3 敗の成績で平幕優勝。三役経験のない力士の優勝は佐田の山以来 58 年ぶりで、富山県出身力士の優勝は太刀山以来 103 年ぶり。さらに来日・観戦していたトランプ大統領から「アメリカ合衆国大統領杯」を授与され話題になった。2020 年 3 月場所で 11 勝を挙げ、場所後に大関昇進。

印象に残った力士

逸ノ城駿

（いちのじょう　たかし）

最高位	関脇
賞　歴	殊勲賞2回　敢闘賞1回
新入幕	2014年9月場所
幕内戦歴	231勝206敗43休（32場所）※
得意技	右四つ、寄り
愛　称	モンゴルの怪物、いちこ

モンゴル在住時代は遊牧民で羊追いをしていたという。身長192センチ、体重200キロの巨漢で、モンゴル出身として初の幕下付出デビュー。2014年9月場所わずか5場所で新入幕を果たすと1横綱2大関を撃破し、いきなり優勝争いに加わり13勝2敗を挙げた。その後、腰を悪くして伸び悩み十両に下がった。

照ノ富士春雄　（てるのふじ　はるお）

最高位	大関
賞　歴	幕内優勝1回　殊勲賞1回
	敢闘賞3回
新入幕	2014年3月場所
幕内戦歴	169勝147敗44休（24場所）※
得意技	右四つ、寄り
愛　称	てるる、ガナ

モンゴル出身力士。身長191センチ、体重180キロの体格をいかした力強い四つ相撲を取り、将来の横綱を予感させた。2015年5月場所、12勝3敗で初優勝を飾り場所後に大関に昇進。しかし、ヒザのケガで大関在位14場所で陥落。その後もさらに悪化させ、序二段まで転落。その後、十両優勝で復活、幕内復帰を果たした。

御嶽海久司 （みたけうみ　ひさし）

最 高 位	関脇
賞　　歴	幕内優勝 2 回　殊勲賞 5 回 敢闘賞 1 回　技能賞 2 回
新 入 幕	2015 年 11 月場所
幕内戦歴	230 勝 170 敗 5 休（27 場所）※
得 意 技	突き、押し
愛　　称	みーたん

　東洋大学 4 年の時にアマチュア横綱と学生横綱のタイトルを獲得。入門後、速いペースで出世、2015 年 11 月場所、マゲも結えないまま新入幕を果たした。三役の常連になり2018 年 7 月場所、関脇で 13 勝 2 敗の成績を挙げ初優勝。2019 年 9 月場所では 12 勝 3 敗で貴景勝と関脇同士の優勝決定戦に勝ち、2 度目の優勝を飾った。

徳勝龍誠 （とくしょうりゅう　まこと）

最 高 位	西前頭 2 枚目
賞　　歴	幕内優勝 1 回　殊勲賞 1 回 敢闘賞 1 回
新 入 幕	2013 年 7 月場所
幕内戦歴	175 勝 215 敗（26 場所）※
得 意 技	突き、押し、寄り
愛　　称	マコちゃん

　十両からの返り入幕で迎えた 2020 年 1 月場所、14 日目にトップに立つと幕尻としては異例の千秋楽結びの一番で大関貴景勝と対戦。勝てば優勝が決まる一番をみごと寄り切り、14 勝 1 敗で初優勝を飾った。優勝インタビューでは「自分なんかが優勝して、いいんでしょうか？」と話し観客の笑いを誘った。

豆知識 【横綱伝達式の口上】

第44代　**栃錦**　「ありがたくお受けいたします」

第45代　**(初代) 若乃花**　「横綱として恥ずかしくない相撲を取ります」

第46代　**朝潮**　「お受けします。横綱の名に恥じぬよう一生懸命頑張ります」

第47代　**柏戸**　「横綱として恥ずかしくない成績を挙げるために頑張ります」

第48代　**大鵬**　「横綱の地位を汚さぬよう今後も精進します」

第49代　**栃ノ海**　「謹んでお受けいたします」

第50代　**佐田の山**　「ありがたくお受けいたします」

第51代　**玉の海**　「今後横綱としての体面を汚さぬよう努力いたします」

第52代　**北の富士**　「一生懸命やらせていただきます」

第53代　**琴櫻**　「横綱の地位を汚さぬよう、より努力し、一生懸命頑張ります」

第54代　**輪島**　「横綱の名誉を汚さぬよう、より努力し一生懸命頑張ります」

第55代　**北の湖**　「栄誉ある地位を辱めないよう努力いたします」

第56代　**(2代目) 若乃花**　「心技体の充実につとめ、立派な横綱になるよう精進いたします」

第57代　**三重ノ海**　「横綱の地位を汚さぬよう努力します」

第58代　**千代の富士**　「横綱の名を汚さぬよう、一生懸命頑張ります」

第59代　**隆の里**　「これからは一層稽古に励み、節制に努め、栄誉ある横綱を汚さぬよう努力、精進いたします」

第60代　**双羽黒**　「心・技・体の充実を心がけ、横綱の名に恥じぬよう一層稽古に精進いたします」

第61代　**北勝海**　「横綱の名を汚さぬよう、これからも一生懸命稽古し、努力します」

第62代　**大乃国**　「これからも初一念を忘れずに精進、努力し、健康に注意して、横綱を一生懸命つとめます」

第63代　**旭富士**　「横綱の名を辱めぬように、全力を尽くして努力精進し、健康に注意しながら心・技・体の充実につとめます」

第64代　**曙**　「横綱の地位を汚さぬよう、稽古に精進します」

第65代　**貴乃花**　「今後も不撓（ふとう）不屈の精神で、力士として不惜身命（ふしゃくしんみょう）を貫く所存でございます」

第66代　**若乃花**　「横綱として堅忍不抜（けんにんふばつ）の精神で精進していきます」

第67代　**武蔵丸**　「横綱の名を汚さぬよう、心・技・体に精進いたします」

第68代　**朝青龍**　「これからはなお一層稽古に精進し、横綱として相撲道発展のために一生懸命頑張ります」

第69代　**白鵬**　「横綱の地位を汚さぬよう、精神一到を貫き、相撲道に精進いたします」

第70代　**日馬富士**　「横綱の自覚を持って全身全霊で相撲道に精進します」

第71代　**鶴竜**　「これからより一層稽古に精進し、横綱の名を汚さぬよう、一生懸命努力します」

第72代　**稀勢の里**　「横綱の名に恥じぬよう精進いたします」

（新聞記事などで紹介されたもの）

206

あとがき

　「覚えておきたい横綱の顔」、最後まで読んでいただきありがとうございました。長い大相撲の歴史で、横綱の称号を受けた力士はこれまでわずか 72 人。実質的な初代横綱（第 4 代）谷風から数えても 231 年で 69 人しか誕生していません。まったくジャンルが違いますが、135 年の歴史で 62 人の内閣総理大臣が誕生していることと比べても、横綱になるのがいかに難しいかがわかります。

　そこで、これまでの歴代横綱 72 人を似顔絵とエピソードで振り返ってみるのも面白いのではないかと思い、このような本を発売させていただきました。横綱以外にも、幕内で活躍した「印象に残った力士」を思い出すままに描いてみました。この一冊で、横綱、大相撲に今まで以上に興味を持ってくださる方が増えていただければ幸いです。

　2020 年の春場所は新型コロナウイルスの感染拡大により史上初めて大相撲が無観客で開催されました。いつものような声援、歓声がまったくない中で行われた大相撲中継。立ち合いのぶつかる時の音が鮮明に聞こえたり、行司や呼び出しの館内に響きわたる声など、その他、普段の場所だと気がつかなかったこともたくさんあり、なにか新鮮な感じもしました。個人的には、相撲も一番一番、いつもの場所よりも集中して観れた気がした無観客相撲でしたが、何かが物足りない。この物足りなさは何だろうと考えた結果、毎場所テレビ中継によく映る観客席にいる常連さんの方々がいなかったからだということに気がつきました。

　私は東京、大阪、名古屋、九州の場所ごとに、ほぼ同じ席に座って映る常連さんを探すのも楽しみで、中でも東京場所でとても気になる常連さんが映ると、その常連さんの動きばかりを観て、力士の影になって見えなくなったりすると相撲を観ているのか常連さんを観ているのかわからなくなることもありました。無観客相撲はいい思い出になったけれど、なんだか味気なく、取り組み後のお客さまの表情なども大相撲の楽しみのひとつだったんだと思い、満員御礼で埋め尽くされたコロナ前の活気あふれる土俵に早く戻ってほしいと実感した場所でした。

　最後に、この著作の出版の機会を与えてくださった清水書院の中村さん、アルベルト高野さん、中沖さん、編集部の皆様、いつもお世話になっている渡辺さん、その他たくさんの方々、そして、この本を手に取って下さった皆様、心より感謝しております。

本間 康司

著者紹介

絵と文
本間康司 (ほんま こうじ)
1968 年生まれ、東京都出身。

1993 年から共同通信配信記事のイラストに登場。
1998 年の小渕内閣から党執行部の横顔、新閣像の横顔の
似顔絵を担当。
似てる似てないはともかく、新聞、本、雑誌など、今までに、
たぶん 4000 人以上の似顔絵を提供。

主な著書
『長嶋語録かるた』(日本テレビ出版 2001 年)
『覚えておきたい総理の顔』(清水書院 2012 年)
『思い出しクイズ昭和の顔』前編・後編 (清水書院 2015 年)
『覚えておきたい戦国武将 100』(清水書院 2018 年)
『覚えておきたいオリンピックの顔』(清水書院 2019 年)

写真提供協力　　ピクスタ
　　　　　　　　江東区深川江戸資料館、国立国
　　　　　　　　会図書館、東京都立中央図書館
ブックデザイン　上迫田智明
企画協力　　　　小松丘

覚えておきたい **横綱の顔**
～伝説の横綱から現代までの横綱ガイドブック～

2020 年 8 月 15 日　　　　初版発行

絵と文　　本間 康司

発行者　野村久一郎
発行所　株式会社 清水書院
　　　　〒 102-0072
　　　　東京都千代田区飯田橋 3-11-6
　　　　電話　03-(5213)-7151
印刷所　広研印刷 株式会社
製本所　広研印刷 株式会社
　　　　　　　　定価はカバーに表示
●落丁・乱丁本はお取り替えいたします。

ISBN 978-4-389-50127-3　　　　Printed in Japan